11の視点で
授業が変わる！

算数教科書アレンジ事例40

編著 盛山隆雄
執筆 志算研

東洋館出版社

はじめに

　今，教室現場には大きな波が押し寄せている気がします。ゆとりと充実の時代から一転して学力の向上が声高に唱えられるようになりました。学力調査の結果に右往左往させられる教室現場にどのような変化をもたらしているのでしょうか。

　私は教師になって20年を越えますが，20年前より授業が画一化してきた印象をもちます。必ずめあてを書いて，まとめをする。最後に例題を5問解かせる…。このような授業の画一化は，点数を意識した結果のようです。このような現状から，算数の問題解決の授業が形骸化してきているという批判を聞くことがありますが，その通りだと思います。授業の議論から子どもが消えてしまっています。

　本書の執筆にあたった志算研のメンバーは，子どもたちが学ぶことを楽しいと思う授業を目指しています。夢中になって取り組み，時間が経つことを忘れるような授業をしたいと考えています。今のご時世ですから，そんなことを言ったって本当に学力がつくのか，といったご意見をいただくこともあります。しかし，どうでしょうか。楽しくない授業で本当に学力は身に付くでしょうか。将来にわたって学び続ける人材が育つでしょうか。

　少しでも現場に役立つ研究をと思い，教科書をアレンジするという視点での研究を始めてまだ間もないのですが，この内容を知った先生方からはご賛同の意見を多数寄せていただいています。誤解しないでいただきたいのは，この研究は，教科書の不十分さを指摘するものではありません。日本の教科書教材のよさを生かして，目の前の子どもの実態に応じて教材をアレンジし，よりよくねらいを達成しようとする趣旨の研究です。どうぞ，その趣旨についてご理解いただき，本書を活用していただければありがたく思います。

　本書は，教科書をアレンジした授業の事例を40本そろえました。今回は，「オープンエンドにする」という新たな視点を加え11の視点から事例を挙げています。

　すべての事例は，実際に行った授業です。1本，1本の授業に魂を込めています。それは学ぶことを楽しいと感じてほしいという願いです。しかし，どれも完璧な授業というものはありません。どうぞお読みいただき，忌憚のないご意見をいただければ幸いです。子どもたちにそうあってほしいと思うように，私たちも学び続けたいと考えるからです。

　最後になりましたが，本書を出版するにあたって，東洋館出版社の畑中潤氏に多大なるご理解とご協力をいただきました。畑中氏の励ましがなければまず難しかっただろうと思います。志算研を代表しまして心から感謝を申し上げます。

平成26年11月　盛山隆雄

目次

はじめに 1

第1章 教科書をアレンジして
　　　子どもが夢中になるおもしろい授業を！ 5

第2章 算数 教科書アレンジ 実践事例 13

1　1年　**いくつといくつ** スピードマスターになろう 14
2　1年　**たしざん(1)** バスの中に何人いるかな 18
3　1年　**たしざん(2)** たし算ルーレットをつくろう 22
4　1年　**ひきざん(2)** □に当てはまるカードを考えよう 26
5　1年　**かさくらべ** これじゃあ比べられないよ 30
6　1年　**ひろさくらべ** 重ねてもわからないよ 34
7　1年　**大きな数** いくつが隠れているのかな 38
8　2年　**長さ** ペアで紙飛行機を飛ばそう 42
9　2年　**計算の工夫** 工夫して計算しよう 46
10　2年　**三角形と四角形** 先生を捕まえよう 50
11　2年　**かけ算(1)** どうやって並べたら，数えやすいかな 54
12　2年　**たし算とひき算** どんな数が入るかな 58
13　3年　**かけ算** たこ焼きを売ろう 62
14　3年　**3けたのひき算** 位取りの図を使って考えよう 66
15　3年　**たし算とひき算** 暗算がしやすいのは，なぜ？ 70
16　3年　**2けた×1けたのかけ算**
　　　　　どうやって考えたかな―虫食い算― 74
17　3年　**三角形** どんな形ができるかな？ 78
18　3年　**重さ** わかることから想像しよう 82
19　4年　**わり算の筆算** あまりはいくつかな？ 86

20	4年 分数 道のりを考えよう！	90
21	4年 垂直・平行と四角形 対角線を動かすとどんな四角形ができるかな	94
22	4年 がい数 概数をパズルで楽しく勉強しよう	98
23	4年 面積 広さを比べよう	102
24	4年 式と計算 計算が楽しくなる数を探そう	106
25	4年 分数のたし算・ひき算 模様が違っても大きさは同じなの？	110
26	4年 位置の表し方 宝探しをしよう	114
27	4年 変わり方 □角形だったらどうなるかな	118
28	5年 小数のかけ算 かけ算のきまりを使って	122
29	5年 小数のかけ算 かけ算のきまりってこういうことか！	126
30	5年 小数のわり算 この「0.5」って何？	130
31	5年 合同な図形 「当たり」の図形はどれかな	134
32	5年 整数の見方（倍数） 長方形で正方形をつくろう	138
33	5年 単位量当たりの大きさ 混み具合ランキングをつくろう	142
34	5年 図形の角 どちらの和が大きい？	146
35	5年 円と多角形 多角形で運だめし	150
36	6年 文字と式 円の転がる長さを1つの式で表そう	154
37	6年 比 神経衰弱ゲームをしよう	158
38	6年 速さ どの高速道路が速く走れるかな	162
39	6年 資料の調べ方 目的をもって資料を調べよう	166
40	6年 場合の数 当たりの数はどれかな	170

執筆者一覧　174

第1章

教科書を
アレンジして
子どもが
夢中になる
おもしろい授業を！

1. 教科書とは何か

　教科書とは,「小学校,中学校,高等学校,中等教育学校及びこれらに準ずる学校において,教育課程の構成に応じて組織排列された教科の主たる教材として,教授の用に供せられる児童又は生徒用図書であり,文部科学大臣の検定を経たもの又は文部科学省が著作の名義を有するもの」とされています。

　つまり,教科書には,文部科学省の検定を経た教科書と,文部科学省が著作の名義を有する教科書があるということになります。

　そして,学校教育法第34条には,小学校においては,これらの教科書を使用しなければならないと定められています。

　ただし,どの程度使用するのか,どのように使用するのかについての細かい規定は述べられていません。この点について,考察を加えているのが本書ということになります。

2. 日本の教科書のよさ

　さて,1で述べたように小学校教師は,教科書の使用義務を負っていることになります。義務というとやらされている感が出て,なんとなくマイナスのイメージをもちますが,果たしてそうでしょうか。

　私たち小学校教師は,原則として全教科を指導しなければなりません。1時間目は国語,2時間目は算数,3時間目は社会,4時間目は音楽…といった毎日のカリキュラムに沿って指導するとき,すべての教材を自ら開発し,用意することは物理的にも時間的にも困難です。

　その困難さを乗り越えさせてくれるのが教科書です。実は,日本の教科書は,大変優れていると言われています。かつて私がJICAやAPECなどの関係の仕事で中米や南米,アフリカ,韓国やタイなどの東アジア諸国を訪れたとき,各国の算数教育の関係者は,口をそろえて日本の教科書のよさを述べていました。

　装丁のよさは誰もが認めるところですが,最も優れているのは,系統がしっかりしていて,スモールステップで理解を進めることができること。また,1つの問題について多様な考え方が紹介されていること。単元の導入などでは,活動的に算数を学ぶことができること,といった言葉を聞きました。

　日本の教科書には,指導書も作成されています。この指導書には,単元の指導計画から1時間の指導の流れまで細かく記述されています。

　しかし,これは当たり前のことではありません。現在,私はJICAの仕事でアフリカのウガンダの数学教科書に合わせた指導書の作成に協力しています。教科書があっても,指導書がなければその内容をどのように指導してよいのか,どんな順序

で指導してよいのかわからないという切実な悩みにこたえるためです。

日本では，質の良い教科書が無償配布されています。今ではほとんどの先進国で無償配布されるようになっていますが，例えば，中国やシンガポール，ロシア連邦では，初等教育の教科書でさえ有償です。それは，教科書を持てない子どもがいることを意味しています。

このように考えてみると，私たち小学校教師は，教科書や指導書に随分助けられている気がします。日本の教科書事情が極めてよいことをわかっていただけたでしょうか。

3. 教科書をアレンジする意義

なぜ，教科書教材をアレンジしたり，教科書の使い方を工夫したりしなければならないのでしょうか。

1つ目の理由は，教科書は日本の平均的な子どもを想定してつくられているからです。しかし実際には，地域によって学校によってクラスによって子どもは異なります。子どもたちの実態に応じて教科書教材の扱い方を変えるのが教師の役目です。時には，教材自体を大幅に変更することも可能だと思います。

先日，私のクラスはじゃがいも堀りに出かけました。そのじゃがいもを教材に，「重さ」の授業をつくりました。そのときの子どもたちの関心の高いこと。相手は子どもです。自分たちの身近な素材を教材に用いるだけで，意欲を喚起することができます。

2つ目の理由は，教科書は紙面に表現するという制約をもっているからです。どうしても活動的な内容を表現しにくいし，また，動的な内容を表現しにくいということがあります。ある事柄がどのように変化していったかを表現するのが苦手なのです。それを授業でうまく見せるためにアレンジする必要が出てきます。

紙面に表現するということに関連して言えば，教科書には解法や答えが丁寧に書かれています。教科書は問題集ではありませんので仕方がないことですが，授業でそのページをそのまま見せてしまっては学習になりません。

使える知識・理解を獲得することにならないし，思考力や表現力を育てることにならないからです。そこで，まずはそういったページを見せないようにして問題を考えさせるといった工夫が必要になります。

優れた教科書を使って授業をすれば「よい授業」ができるかと言えば，そう単純なことではありません。「よい授業」という意味をどのようにとらえるかによりますが，子どもが問題を考え，子ども自ら解法や答えを発見・創造することができる授業，子どもが楽しく夢中になるような情意的な側面にも配慮できる授業を「よい

授業」と考えたいと思います。

そのための教科書アレンジの具体を少しだけ紹介します。教科書の問題は条件を明確にしてあります。教科書の問題は，子どもが問題を読むことによって，問題を理解し，明確な答えを導き出すことができることが前提につくられています。

しかし，算数の授業をつくるときには，むしろその逆のことをする方が面白くなります。例えば，問題の条件を曖昧にしておくこと，条件をそのまま抜かしておくことです。問題の数値を決めておかないで，子どもに問題に使う数値を決めさせてみたりします。

そのような問題のアレンジは，子どもが問題にかかわろうとする態度を育てます。問題をよく読ませることになり，問題理解が進むのです。

また，問題の条件を変化させることは，問題の発展につながります。どのような数値ならば既習が使え，数範囲をどこまで広げると未知の学習になるかといったことを考えることができます。数範囲を広げても解決できる解法を考える一般化の考え方を育てることも可能になります。

しかし，このような手法を限られた紙面の教科書に表現することは困難です。そこに教科書の限界があります。

前にも述べましたが，問題が変化したり，解決の方法が進化したりする様子を表現することが難しいのが教科書です。1つの問題にそれだけのページ数を割くことはできません。だから，アレンジをする意義があるということになります。

理想とする算数授業像があって，その授業をつくるためにどのように教科書をアレンジするかを考えたのが本書の趣旨です。

このような考えから教科書をアレンジするのですが，その目的について次のように整理しました。

> [教科書をアレンジする目的]
> ①子どもの意欲を喚起するため。
> ②子どもに問題意識をもたせるため。
> ③授業のねらいをよりよく達成するため。
> ④次の授業（内容）にスムーズにつなげるため。

最後に本書の教科書アレンジの趣旨を励ましてくれるものとして，次の文章を紹介しておきます。昭和22年の学習指導要領の試案の中のものです。

序論に「一，なぜこの書はつくられたか」という項目があり，次のようなことが述べられています。

「もちろん教育に一定の目標があることは事実である。また一つの骨組みに従って行くことを要求されていることも事実である。しかしそういう目標に達するた

めには，その骨組みに従いながらも，その地域の社会の特性や，学校の施設の実情やさらに児童の特性に応じて，それぞれの現場でそれらの事情にぴったりした内容を考え，その方法を工夫してこそよく行くのであって，ただあてがわれた型のとおりにやるのでは，かえって目的を達するのが遠くなるのである。またそういう工夫があってこそ，生きた教師の働きが求められるのであって，型のとおりにやるのなら教師は機械にすぎない。そのために熱意が失われがちになるのは当然といわなければならない。これからの教育がほんとうに民主的な国民を育てあげて行こうとするならば，まずこのような点から改められなくてはなるまい。」

長々と引用しましたが，戦後の新しい日本の教育にかける想いが伝わってくる文章です。これからの教育は，生きた教師の創意工夫が必要であることが切々と述べられています。

本書は，教科書アレンジという視点から教師の指導の創意工夫について述べるものです。全国的には，画一的な指導が増えてきたかのように思われる昨今，昭和22年の試案の言葉を胸に刻み，前に進みたいと思います。

4. 教科書アレンジの方法　11の視点

教科書のアレンジの仕方について，本書に紹介されている実践を頼りに整理してみました。実践事例を集めて，そのパターンを帰納的にまとめたものです。
(1) 逆をたどる
　　―創造力を働かせるためのアレンジ―

この視点は，本書の前に出版した『10の視点で授業が変わる！ 算数 教科書アレンジ 事例30』で取り上げています。本書の事例にはないのですが，重要なアレンジの視点であることは間違いありません。

例えば，「6×4で面積を導く図形をかいてみよう。」と問題を出します。ある子どもは縦6cm，横4cmの長方形をかくでしょう。またある子どもは底辺6cm，高さ4cmの平行四辺形をかくかもしれません。

一般には図形を見せて面積を求めましょう，と問うところを，逆に式から図形を想像させるといった手法のアレンジです。これは，式から文章題を考えさせたり，テープ図などの図から文章題を考えさせたりするパターンもあります。教科書でも単元末に問題づくりとしてこの手の手法が使われています。子どもの理解度を評価するのにもよいアレンジだと考えています。

(2) きまりを仕組む・パズル形式にする
　　―計算したくなる心を引き出すアレンジ―

教科書では，計算単元の単元末には計算練習の問題がずらっと並びます。ある程

度できる子どもにとっては，見ただけで面倒に感じる瞬間です。この面倒さを取り払うためにアレンジをします。例えば，計算していくとある不思議な結果やきまりが見えてきたり，計算問題をパズル形式の問題にしたりするのです。そうすれば，高位の子どもも低位の子どもも意欲的に問題に臨むことができると思います。パズルとは，問題を論理的な考察と試行錯誤によって解くことを目的としたゲームの一種と捉えています。子どもが意欲的に取り組むことができ，問題づくりまですることができます。

(3) 迷う場面にする
―概念形成を豊かにするためのアレンジ―

例えば，下のような形を提示して三角形かどうかを考えさせると，アやイはスムーズに判断できますが，ウやエやオは判断が難しいと思います。

迷いを生じさせ，議論し，はっきりさせていく過程を授業でつくることがとても大切なことです。似て非なるものを見て，区別していくことによって概念は豊かなものになっていきます。

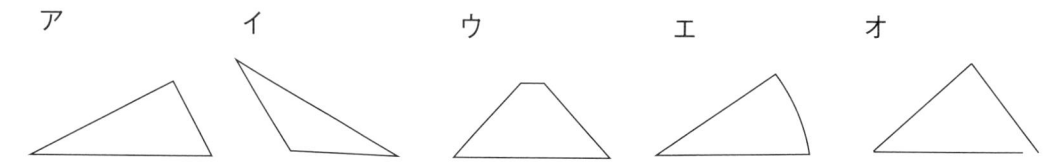

ア　　　　イ　　　　ウ　　　　エ　　　　オ

(4) 比べる場面にする
―本質を考えたり，理解を深めたりするためのアレンジ―

20×20 と 21×19 はどちらが大きいか，と問われたらはっとします。本来計算問題は，答えを正しく出すことが目的ですからこの手の発問はなされません。しかし，この2つの式を比較することによって，筆算について理解を深めた新しい見方を獲得したりすることができます。

20×20 の答えの一の位は0です。21×19 の答えの一の位は9です。これは筆算の仕方をイメージするとわかることです。ですから，少なくとも答えが同じということはあり得ません。計算して答えを出さなくてもわかることです。

実際に答えを出してみると，$20 \times 20 = 400$，$21 \times 19 = 399$ となります。答えの差は1でした。次に 20×20 と 22×18 の答えを比較してみます。$22 \times 18 = 396$ ですから，差が4になりました。23×17 との比較はどうでしょうか。$23 \times 17 = 391$ ですから，差は9です。差が1，4，9という数の変化。ここからまた新たなきまりを発見することができます。

このように，比べる場面にすることで面白いことが生まれることがあります。

(5) 考察の対象をつくる
―授業への参加意識を高め，目的意識をもたせるためのアレンジ―

1年生に班ごとにパターンブロックを積み上げさせてタワーづくりをしました。

「どの班が一番高いタワーをつくれるかな」と言ったから子どもたちは夢中になりました。制限時間は30秒です。積み上げた後，自然にどのタワーが一番かを子どもたちは考え始めるのですが，タワーは動かせません。困りました。見た目で判断しようとする子どももいました。

そんなとき，ブロックの数で比べようと発想する子どもが現れました。確かにその方法で解決しました。任意単位を設定し，数値化した長さを比べるということになったのです。

このとき，子どもたちは自分たちがつくったもので考察したのです。だから，本気になりました。これが考察の対象をつくるというアレンジです。

(6) 考察の視点を与える
　　―ねらいを絞った議論をするためのアレンジ―

問題がよくても考える視点がたくさんあるために子どもの意見があちこちにいってしまい，収拾がつかなくなることがあります。子どもの力があるクラスほど，皮肉にも練り上げが難しくなります。這い回る問題解決学習に陥らないためにも，考察の視点をぐっと絞っておくことが必要です。

問題を考えるときに視点を絞ったり，子どもの価値判断をもとに考えさせたりすることで，本質にせまることができます。

(7) 単純化する
　　―子どもが考えやすくし，視点を絞るためのアレンジ―

日常生活の身近にあるものを使ったり，子どもに興味関心をもたせることを優先したりした結果，問題場面がやや複雑になっていることがあります。子どもの実態にもよりますが，そういったときに思い切って問題の条件を単純にして，子どもが考えやすく，または説明しやすくすることも必要なことです。

例えば，「1m80円のリボンがあります。2.3mではいくらですか。」という問題の数値を2.3から2.5に変えたりいったん整数に変えたりするアレンジです。

このように数値を単純にするだけでなく，四角形を三角形にしてみるとか，問題の条件の一部をいったん無視して新しく教材化してみるといったアレンジもあります。

(8) 条件を変える，条件を決めさせる
　　―スムーズに既習が使えるようにするためのアレンジ―

「赤いおりがみが7まいあります。きいろいおりがみは赤いおりがみより□まいおおいです。きいろいおりがみはなんまいでしょう。」

このような問題を出しておいて「□にどんな数を当てはめると簡単に答えが出せそうかな」と発問します。

子ども自身に問題の条件を決めさせることによって，問題の意味や問題解決の見通しをもたせるアレンジです。このとき，子どもは□に1を当てはめたりします。

黄色い折り紙は赤い折り紙より1枚多いとなれば，7＋1＝8で8枚と答えが見えてきます。そういった活動をした後に，本来の数値の5を入れるのです。5枚多いという設定で考えさせます。大人からすると，1と5は大した変わりはないと思うかもしれませんが，子どもにとってみるとこの差は確かにあるようです。

　問題の条件についてのアレンジは，多くの問題に使えます。

(9) 隠す
　　―子どもの意欲を引き出し，視点を絞るためのアレンジ―

　数字カードや形を封筒からそっと出すだけでも，子どもはわくわくどきどきして注目します。例えば，1年生に12個のリンゴがなっている木の絵を提示して見せました。「夜になりました」と言ってその木を布で隠しました。次に，「嵐がきたのでリンゴが落ちました」と言って布の中に手を入れて5個リンゴを落としました。子どもは大興奮です。問題は，「嵐がおさまり，朝になったら（布をとったら）リンゴは何個になっているでしょう」です。布を被せてあるので，答えは見えません。子どもは必死に12－5の計算をしていました。

　隠すというアレンジは，子どもの意欲を引き出すのにとてもよいと思います。

(10) 視覚化する
　　―ものの考え方や概念を理解するためのアレンジ―

　問題を解決する考え方は，目には見えないものですから，式に表したり図に表したりして友達に伝えることが大切です。教科書は紙面で表現する制約がありますので，その枠を超えて実物を用意したり，別の図を見せたりするアレンジです。

(11) オープンエンドにする
　　―多様性を引き出し，理解を深めるためのアレンジ―

　最近新たに追加したアレンジの視点です。5年生向けに$12.8 \times 2.5 \times 4$の計算問題がありました。これは結合法則を使って，2.5×4から先に計算させようとする問題でした。これを$12.8 \times \square \times \square$として，「□にどんな数を入れたら後ろから計算したくなるかな？」と問いました。子どもは，2×5とか25×4といった整数を入れましたが，慣れてくると0.2×5とか2.5×4といった小数の混じった計算を当てはめていました。低位の子どもたちは，整数から当てはめた方が簡単です。きりのいい数をつくればいい，ということを理解してから小数の計算をつくるようにするのです。子どもは実力に応じて，問題を解決することができます。

　このように，オープンエンドにするとは，多様な解をつくることができるようにするアレンジということになります。

　合計11のアレンジの視点を挙げることができました。この11の視点をヒントに教科書教材をアレンジして，目の前の子どもたちに合わせた柔軟な授業を展開していただければ幸いです。

第2章

算数
教科書アレンジ
実践事例

1年 ① パズル形式にする
いくつといくつ
スピードマスターになろう

[教科書では…]

10までの数字カードをつくりましょう。

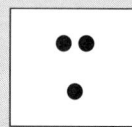

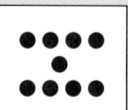

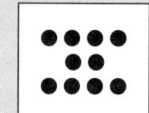

10がつくれたらカードを出しましょう。
（友達とカードを合わせてやろう）

これを ↓ アレンジ！

4人組になり，問題を出す人・審判・対戦する人を決める。
2人組で，出したカードの合計が○になるようにカードを出そう。
（カードは，表に数字。裏にドットのシールを貼る）
（例）出したカードの合計が10になるようにカードを出そう。

↙対戦する人

問題を出す人
審判

[アレンジポイント]

　ある数を数字とドットで表すことで，数字と物の個数のイメージを一致させる。

1年：いくつといくつ

1. 授業の準備

① 数カードをつくる

1年生の最初の単元である「10までのかず」の学習が終わったところで、数カードをつくる。カードは、画用紙を8㎝×5㎝ほどに切った。これを、子ども1人につき10枚（1～10までの分）を配る。

表には、数字を書く。そして、裏にはその数の分だけシールを貼る。

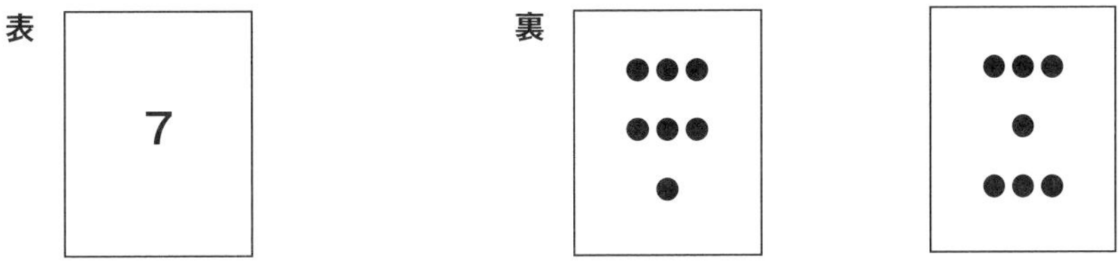

Point
こんな7の貼り方もあるよ

シールの貼り方は、子どもによって異なると考えられる。人によって数に対するシールの貼り方のイメージは異なるので、貼り方の違いは許容する。そして、友達とカードを見せ合いながら違いに気付かせるのもよいと考えられる。

（実際に子どもがつくった7のカード）

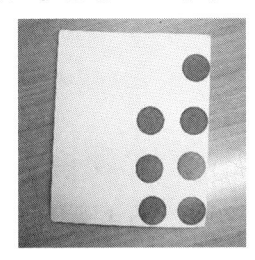

② 数カードに慣れる

2人組で、相手が出した数カードのドットの数を見て、自分の数のカードを出す。
（10までの数で学習したことをより深めることができる）

2. 授業の様子

① ルールの確認をする

- 問題を出す人のカードと、対戦する人が出したカードの数を合わせて、先生が設定した数になるようにする。審判の人は、対戦する人のどちらが早く正確にカードを出したかを判定する。
- 早く出した人は、達成カードにシールを貼る。すべてのマスにシールを貼れたら、クラスのスピードマスターになれる。
- 4人グループをつくり、座席の位置に番号を振っておくと、役割がわかりやすく席替えをしたときも同じルールで番号を振り分けることができる。

②先生と代表の子どもでやってみる

ここで，クラスの全員がルールを理解しているかの確認をする。

T：ルールがわかったかどうか，みんなと先生でやってみよう。

T：今日は，10になるようにカードを出そう。

　　3人を前に出す（対戦する人・問題を出す人・どちらが早いか判定する人）。

T：それでは，問題を出す人はカードを選んでください。

C：これを出すよ。

T：せーので出してね。そしたら，先生と，対戦する人で競争だよ。せーの！

C：問題を出す人が出したカードは「4」。

T・C：対戦する人が出すカードが「6」。

T：先生と対戦する人のどちらが早かったか，審判の人は判定をしてください。

C：今のは先生が早かったよ。

T：先生が勝ったので，台紙には先生がシールを貼ります。

> **Point**
> カードを出す場合には，設定した数よりも小さい数を出さなくてはいけないことを確認しておく。また，相手が早くカードを出しても，間違っている場合は，正しいカードを出した人が勝ちということを確認しておく

③子ども同士でグループをつくり進めてみる

座席の番号に沿って，対戦する人・問題を出す人・審判を決めていく（それぞれの役割を4人全員ができるようにあらかじめ表にしておくと，進めやすくなる）。

問題を出す人が出すカードを決めて，「せーの」と言いながらカードを出す。対戦する人は，問題を出す人が出したカードと，自分が出すカードを合わせて設定された数になるようにカードを出す。審判は対戦する人のうち，どちらが早く正確にカードを出しているか判定をする。

板書（過程）

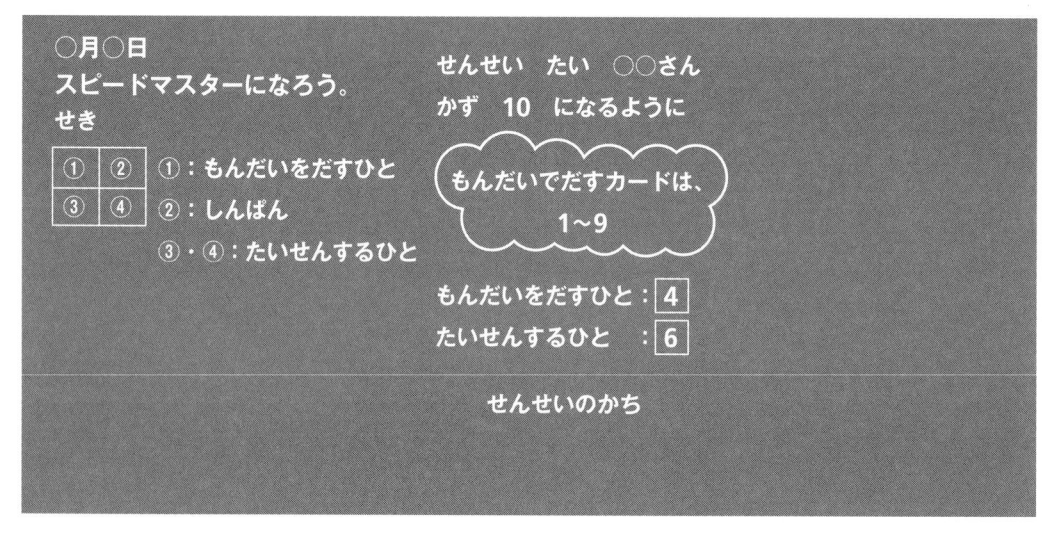

```
○月○日
スピードマスターになろう。          せんせい　たい　○○さん
せき                              かず　10　になるように
┌─┬─┐
│①│②│  ①：もんだいをだすひと     もんだいででだすカードは，
├─┼─┤  ②：しんぱん                     1～9
│③│④│  ③・④：たいせんするひと
└─┴─┘
                                 もんだいをだすひと：│4│
                                 たいせんするひと　：│6│

                        せんせいのかち
```

板書（最終）

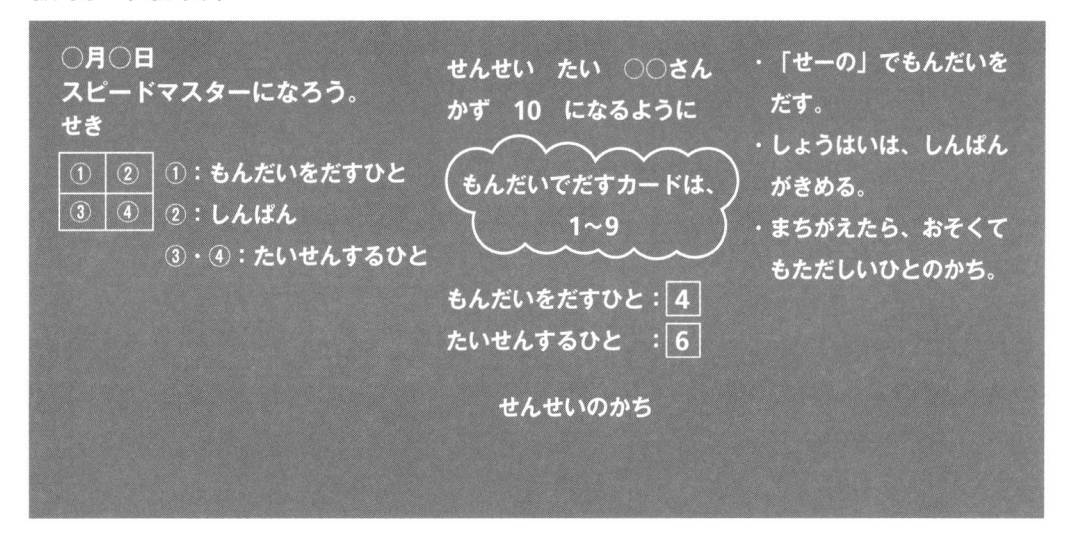

```
○月○日                せんせい たい ○○さん        ・「せーの」でもんだいを
スピードマスターになろう。    かず 10 になるように          だす。
せき                                              ・しょうはいは、しんぱん
 ①  ②   ①：もんだいをだすひと    もんだいでだすカードは、       がきめる。
 ③  ④   ②：しんぱん              1～9                ・まちがえたら、おそくて
         ③・④：たいせんするひと                           もただしいひとのかち。
                        もんだいをだすひと：4
                        たいせんするひと  ：6

                            せんせいのかち
```

④ スピードマスターに向けて、シールを貼る

　勝った人は、達成カードにその日の日付を書いて、先生に出す。

　右の写真のように、日付の書いてあるところにシールを貼っていくと、子どもが楽しみながら進めていくことができる。所々にコメント（スピードマスターまであと半分・スピードマスターまでもう少し、など）を入れておくと、よりやる気が出る。

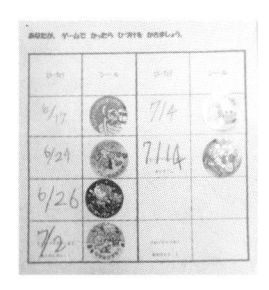

　私は何回か行った後に、全員のカードを集めてシールの進み具合を見た。そのときに全くシールがない子には、こっそり家で練習する用のカードを渡した。その子は、家で親と練習をしていた。その効果か、シールが貼られていき、嬉しそうな笑顔を見ることができた。

3. 実践を振り返って

　「いくつといくつ」の単元は、この後に学習する「たしざん」や「ひきざん」だけでなく「くりあがり」や「くりさがり」の学習にまでつながる単元である。繰り上がりの計算のときに、10のまとまりをつくるのにどの数字が必要なのか。また、繰り下がりの計算のときに、10からある数をひいたときにいくつになるのかを考える際にも必要になる。そこで、「いくつといくつ」の単元で多くの経験を積むことで、計算を素早くすることができる。特に、10をいくつといくつでつくるのか多くの練習をすると、より早く正確に計算できると考える。他の数での練習も必要だが、10となる場合の練習を多く積ませたい。

1年 ❷ 隠す
たしざん（1）
バスの中に何人いるかな

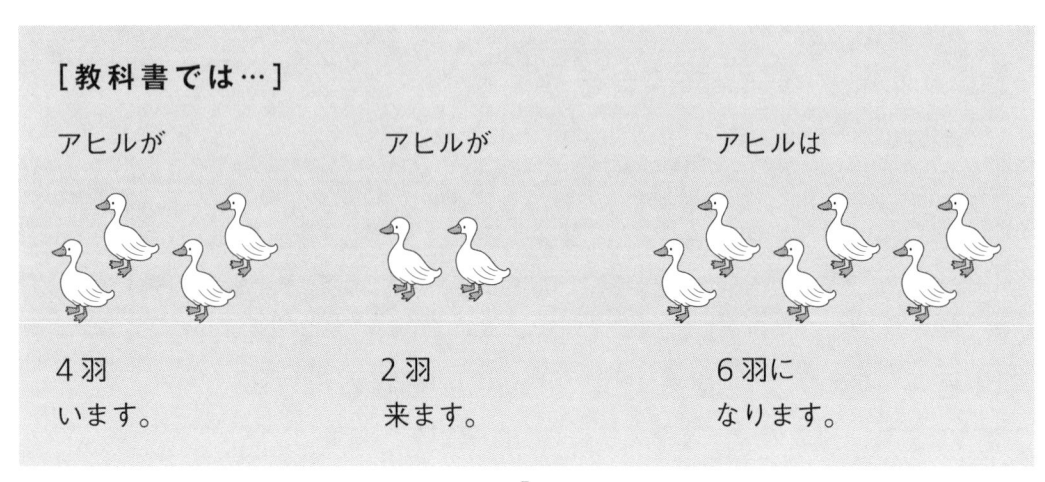

[教科書では…]

アヒルが　　　　　　　アヒルが　　　　　　　アヒルは

4羽　　　　　　　　　2羽　　　　　　　　　6羽に
います。　　　　　　　来ます。　　　　　　　なります。

これを　↓　アレンジ！

バスに4人乗りました。
いま，バスには何人いるでしょう。
バスには2人乗っています

[アレンジポイント]
　式は，その場面の時系列がわかるように書くことが大切である。そこで，はじめにバスに乗っていた人数を書かないことで，数の出てくる順番を4→2とする。ここで，子どもが式の立て方に着目できると考える。

1. 授業の様子

文章題を提示する際に，数を提示する順番を式に書く順番と逆にすることで，式をどのように書くかを考えさせる。

① 課題の場面について理解する

「バスに4人乗りました。いま，バスには何人いるでしょう」
ここでは，あえてはじめにバスに乗っている人数を出さずに子どもに問いかける。
C：4人です。
C：わかりません。
C：5人です。
　（5人と言う子どもは，運転手を入れていた。今回の問題では運転手は数に入れないことをここで確認する必要がある）
T：わからないというのは，どういう意味ですか。
　隣同士で考えてみましょう。

> **Point**
> 個人の発表ではなく，まずは近くの友達と相談することで，それぞれが考えられる場を設ける

② もともとバスに乗っている人数を知る

T：それでは，相談したことを発表してください。
C：乗る前にバスの中にいる人の数がわからないと，
　4人乗った後に何人になるかわかりません。
T：それでは，もともとバスにいた人の数を教えます。
　バスには，もともと2人いました。

板書（過程）

○月○日

ばすに，4にんのりました。
いま，ばすにはなんにんいるでしょう。

ばすのなかになんにんいるかわからない。

③ 立式をして，バスにいる人数を求める

T：それでは，式を書いてバスの中に何人いるか求めてみましょう。
（子どもが考えた式）
ア：4＋2＝6
イ：4＋2＋4＝10
ウ：2＋4＝6

T：3つの式が出てきましたが，それぞれの式はどのように考えられたか，気持ちがわかるかな？

（ア：4＋2＝6について）
C：この式は，数の大きいものから順番に書いたのだと思います。
T：なるほど。この式を考えた人はそう考えたのかな？
C：そうです。

> **Point**
> それぞれの式をどのように考えて出したかを考えさせることで，式を読む力を育てる

（イ：4＋2＋4＝10について）
C：これは，違うと思います。
T：どこが違うのかな？
C：4＋2まではいいけど，その後の4はたしすぎています。
T：そうですね。では，この式を考えた人は，なんでこの式にしたか理由がわかるかな？
C：4人と2人をセットにして考えた。そのセットに4人が乗ってきたと考えたんだと思います。
T：なるほど。この式を考えた人はそう考えたのかな？
C：そうです。

> **Point**
> 間違えている式が出てきた場合に，ただ違うだけでなく，その理由や，間違えてしまった理由なども押さえてあげると，次に学習に生かされる

（ウ：2＋4＝6について）
C：はじめに乗っていた人を先に書いて，後から乗ってきた人を後に書いたんだと思います。
T：なるほど。この式を考えた人はそう考えたのかな？
C：そうです。

④ どの式がよりよいかの吟味

C：アの式とウの式は似ています。
T：どこが似ているのかな？
C：出てくる数が同じです。
T：それでは，違うところはどこですか？

板書（最終）

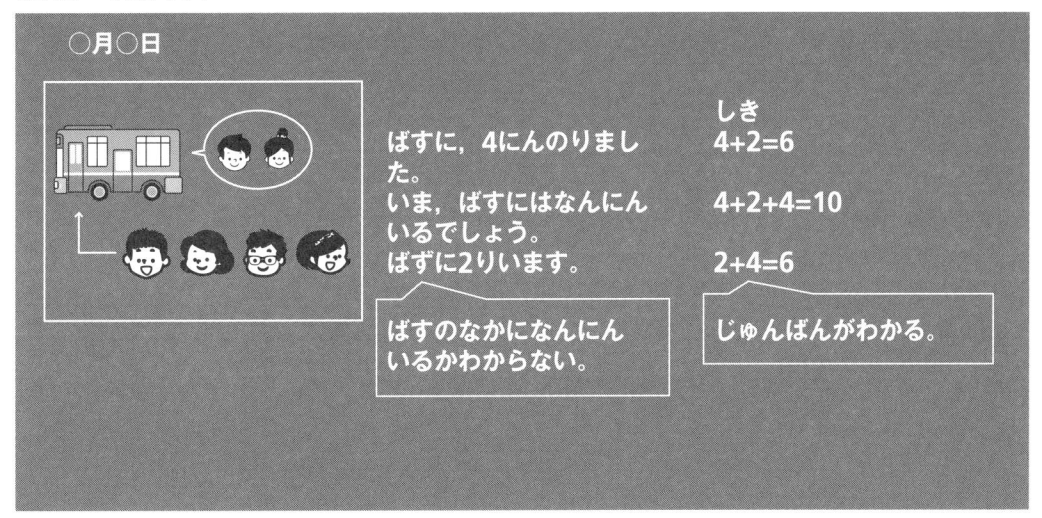

```
○月○日

[バスの絵と人の絵]      ばすに，4にんのりまし      しき
                        た。                       4+2=6
                        いま，ばすにはなんにん
                        いるでしょう。             4+2+4=10
                        ばすに2りいます。
                                                   2+4=6

                        ばすのなかになんにん        じゅんばんがわかる。
                        いるかわからない。
```

C：出てくる順番が違います。
T：どちらが，わかりやすい式ですか？
C：ウの方が式の意味がわかりやすいので，ウがいいです。
T：意味がわかりやすいってどういうこと？
C：バスに乗った順番に数字が出てきているから，
　　わかりやすいです。

Point
それぞれの式を,どのように考えたかを話し合うことで,よりよい式を見つけよう！

2．実践を振り返って

　本授業は，たし算の増加を学習した後の習熟の場面で扱う。増加の場面を見て，たし算だと理解できている子どもに対し，式の立て方について深く考えさせる経験をさせられると考える。

　たし算の増加の場面では，はじめにある量にある量を追加したり，増加したりしたときの全体の大きさを求める。求める際には，問題を読み，式を書いて求めることになる。式を書くに当たり，増加の場面を学習する際に，子どもは初めて式の順番に気を付けなくてはならなくなる。たし算の合併では，2つの物が合わさるために順番が逆でも問題はない。しかし，増加では時系列を大切にし，式を見たときにどのような順番であるかがわかるようにしなくてはならない。1年生という，式を習い始めて間もない子どもにとっては，特に順番を意識することが大切であると考える。そこで，今回のように本来は2＋4と式を立てなくてはいけない場面を，文章に出てくる順番で式を書くと4＋2となるように文章を隠して提示する。そこで，子どもたちが2＋4と4＋2のどちらが意味の伝わる式になるのかを考える場を設けることができると考える。

1年 たしざん（2）
❸ きまりを仕組む
たし算ルーレットをつくろう

[教科書では…]

カードを使って，数の並び方を見て，
気付いたことを言いましょう。

7＋4
7＋5　6＋5
7＋6　6＋6　5＋6
7＋7　6＋7　5＋7　4＋7

これを ⬇ アレンジ！

たされる数とたす数を自由に変えられる
たし算ルーレットをつくろう。

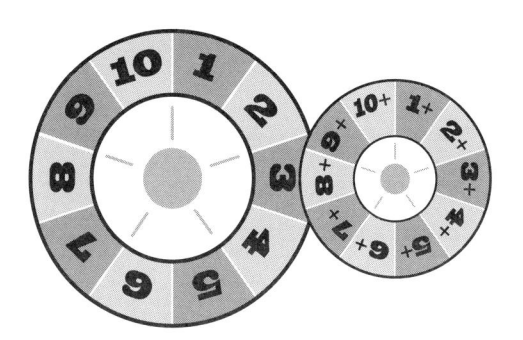

[アレンジポイント]

　答えが同じたし算の式を比べながら，たし算のきまりを発見する。

1. 授業の様子

繰り下がりのあるひき算を学習した後に取り組む。内側の数字を「1＋」から「10＋」までを入れたものを印刷しておく。内側（たされる数）・外側（たす数）の2枚の円を子どもに切らせて，円の中心を割りピンで留めさせる。

① 答えが同じになるように，外側のルーレットの数字を埋める

T：中と外の数字をたして11になるように，
　外に数字を入れてみよう。
C：外側の円に数字を自力で入れる。
T：どうやって数字を入れた？
C：10＋1＝11で1から入れた。
C：そこから1・2……9・10と順番に入れていった。
T：じゃあ，中と同じように入れたのかな？
C：違う！　外は中と逆まわりになってる。
　1の左が2。その左が3。
C：他にも，7＋4＝11で4を書く。「はんたい」を探して，4＋7＝11で7を入れる。次は5＋6＝11で6。その「はんたい」も。

> **Point**
> 一つひとつ計算をしなくても，計算のきまりを使うと意外に簡単に数が入ることに気付かせる

外の数字は子どもに書き込ませる

板書（過程）

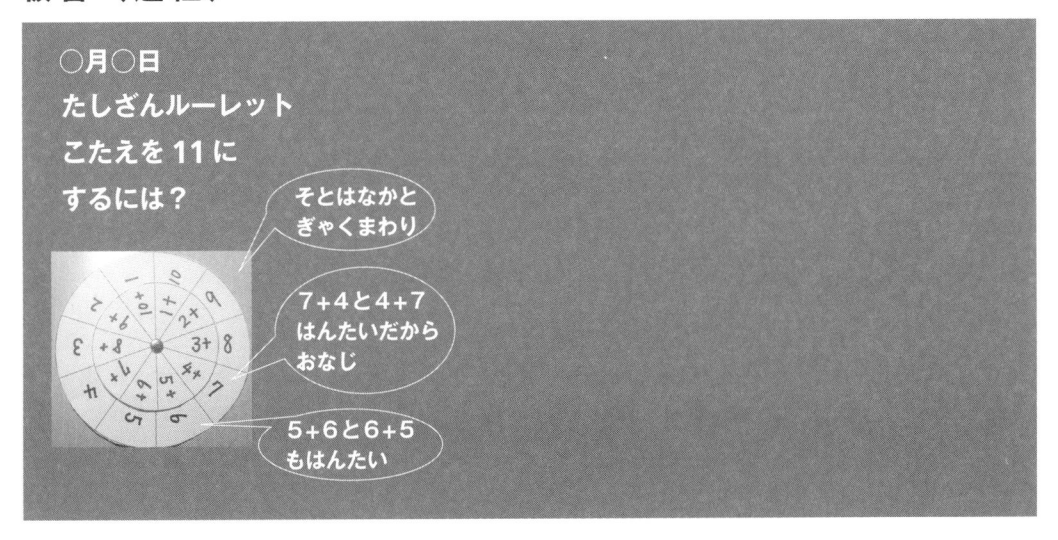

○月○日
たしざんルーレット
こたえを11にするには？

- そとはなかとぎゃくまわり
- 7＋4と4＋7 はんたいだからおなじ
- 5＋6と6＋5 もはんたい

②答えが11以外でもきまりが当てはまるか考える

C：先生！　14でもできるよ。
C：こうして回してみると，8＋6＝14で答えが14になる。
　　他でも9＋5＝14になる。
C：先生，発見！　外の数字は9・8・7って減っているけど，
　　中の数字は5・6・7って増えている。

> **Point**
> ルーレットを回している子どものつぶやきを拾って，和が11以外でも成り立つことに気付かせる。
> 11と違い，答えが14と4になるので，板書の拡大ルーレットで14と4のエリアをわかりやすく示す

C：14になるところと4になるところがある。
　　1＋3＝4　3＋1＝4　2＋2＝4の3つ。
C：今度も外は1・2・3，中は3・2・1ってなっているよ。
C：やっぱり「減ると増える」んだ。

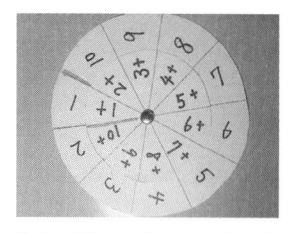

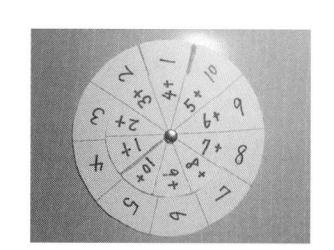

（答えが12と2になるたし算）　（答えが15と5になるたし算）

C：はい！　他にも12もできるよ。
　　9＋3＝12だし，8＋4＝12だよ。
C：でも，ここだけ1＋1＝2になる。答えは2だと1つだけ。
C：他にも15でもできるよ。
C：でも，15は同じ数（どうし）の計算はできないよ。
　　ぞろ目のたし算ができないよ。7＋7＝14　6＋6＝12ならできたのに。
C：13や17もぞろ目のたし算はできないよ。
T：ぞろ目のたし算ができるのと，できないのがあるんだね。
C：計算がわからなかったときに使える。
C：同じ答えになる式がいっぱいある。

> **Point**
> たされる数・たす数の変化以外にもたし算に関するきまりを見つけたら価値付けたい

24

3　1年：たしざん（2）

板書（最終）

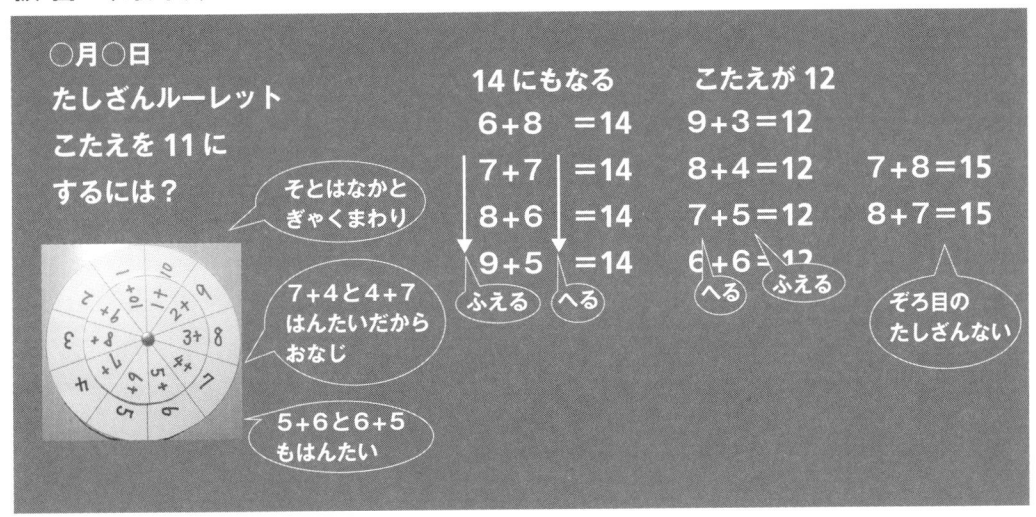

○月○日
たしざんルーレット
こたえを11に
するには？

　　　　　　　　　　　　14にもなる　　こたえが12
　　　　　　　　　　　　6＋8　＝14　　9＋3＝12
　　　　　　　　　　　　7＋7　＝14　　8＋4＝12　　7＋8＝15
　　　　　　　　　　　　8＋6　＝14　　7＋5＝12　　8＋7＝15
　　　　　　　　　　　　9＋5　＝14　　6＋6＝12

そとはなかと
ぎゃくまわり

7＋4と4＋7
はんたいだから
おなじ

5＋6と6＋5
もはんたい

ふえる　へる　　へる　ふえる

ぞろ目の
たしざんない

2．実践を振り返って

　たし算の習熟の場面で，繰り上がりのたし算の考え方を押さえた後にたし算ルーレットを使った。計算カードを並べることできまり発見もできるが，机上にきれいに並べることは1年生には難しく，子どもが自分で操作することが難しい。ルーレットを回すだけで，同じ答えのたし算が自然とできるので，計算の変化を「おもしろい！」と楽しんでいた。また，同じ答えのたし算を関連付けながら考えるきっかけにもなった。「たされる数とたす数を入れ替えても答えは変わらない」「たされる数を減らしても，たす数を増やせば答えは変わらない」などのたし算のきまりに気付き，「たされる数とたす数が同じ（ぞろ目の）たし算」についても考えていた。また，計算尺（10＋～を見ると答えがわかる）としても活用していた。

　ルーレットを回していると，14と4・12と2など1の位が同じ数の組み合わせになる。そのことで混乱しそうな子どもに対しては，外側の内側それぞれの1と10の間に太い線を引くことで（左下写真矢印），和が14になるゾーンと4になるゾーンを区分けすることで規則性を明確にして対応をした。

　同様に繰り下がりのあるひき算でも計算ルーレットを作成した。今度は外と中の数字の並びが同じ方向になる（右下写真：両方とも時計回りに増えていく）。ひかれる数が増えて，ひく数も同様に増えると答えは同じになる関係がわかる。

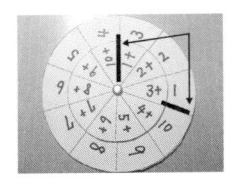

（答えの区分を明確にする工夫）　　（ひき算ルーレット）

1年 ❹ きまりを仕組む
ひきざん（2）
□に当てはまるカードを考えよう

[教科書では…]

（単元末や活用場面での問題）
□に入る数を考えましょう。

$$□＋□＝12$$

これを ⬇ アレンジ！

トランプの1～13のカードを使ったマジック。
□に当てはまるカードを2枚ずつ引いていくと必ず「あるカード」が残るマジックをきっかけに，□に当てはまるカードを考える。

| 1 | 2 | 3 | 4 | 5 | 6 | 7 | 8 | 9 | 10 | 11 | 12 | 13 |

$$□－□＝7$$

[アレンジポイント]

　残った1枚のカードを当てるマジックを通して，友達が引いて隠した□に入るカードの組み合わせを想像していく。

1. 授業の様子

繰り下がりのあるひき算を学習した後に取り組む。□－□＝定数に当てはまる数の組み合わせを考える。

① 答えが5になるひき算マジックで考える
（繰り下がりのないひき算）

T：ここにハート（同じマーク）の1～9までのカードがあります。
　今からこのカードから1人2枚ずつカードを引いてもらいます。
　最後に残った1枚のカードを当てます。ただし，2枚のカードはひき算をしたら答えが5になるように引きます（□－□＝5を板書する）。

1人ずつ「ひき算をして答えが5」になる2枚のカードを引いていく（⑥と①を引いて，次の子に渡す。次の子が⑨と④を引く。⑧と③・⑦と②まで繰り返す）。引いたカードはまわりの友達や先生には見せずに隠しておく。最後に残った1枚を子どもが持っている。

T：残りのカードは5です。どうして5が残るの？
C：だって，ペアで引いたカードは1と6，
　4と9とかであとは5が残るから。
T：どういうこと？
C：持っているのは，6－1，9－4あとは…。
T：他にある？
C：8－3，7－2もあるはず。先生，8－3は9－4の上に書いて。
　だって，順番だから。

Point
繰り返し見せることで,残った1枚のカードは決まっていることに気付かせる

板書（過程）

○月○日　**ひき算マジック**
□－□＝5
　⑥－①＝5
　⑦－②＝5
　⑧－③＝5
　⑨－④＝5
　1　2　3　4　⑤　6　7　8　9
　⑤はひき算できないからのこる

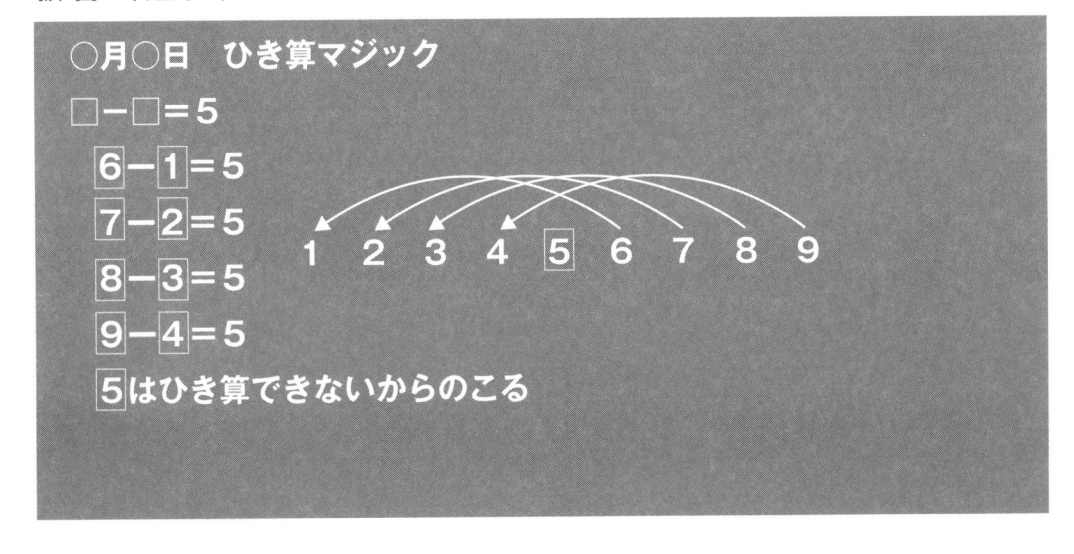

T：順番って？
C：(ひかれる数が) 7, 8, 9ってなるから。
C：あと，5は10－5ならできるけど，
　　10のカードはないからできない。
C：0があっても，5－0＝5でできるのに。
T：1から9の数を書いてみると…。
C：ひき算の線を引いていくと，山ができる。
C：5は山にならない。必ず残る。

> **Point**
> 数を横に並べてみることで，5が残る理由をとらえやすくする

②答えが7になるひき算マジックで考える
　（繰り下がりのあるひき算）

T：次はトランプを13枚全部使ってみるよ(10, 11, 12, 13のカードを加える)。
T：今回はひき算をして7になるカードを選んでみよう(□－□＝7を板書)。
　　2枚ずつカードを引いていく。残った1枚を最後の子が持つ。
T：残ったカードは7だね。
C：5じゃないの？
C：だって，5は「12と5」で誰かが持っている。
T：どうしてなんだろう？
　　ノートに式や当てはまる組み合わせを書いて，
7が残る理由を考える(自力解決)。
C：だって，13－6＝7, 10－3＝7, 12－5＝7…。
T：ストップ，誰かつなげられる？
C：8－1＝7, 9－2＝7, 11－4＝7
T：さっきみたいに横に並べてみると…。
C：やっぱり真ん中の7が残る。
C：7をひき算の□に入れるためには，14か0のカードがいる。
　　でも，トランプのカードは13までしかないからできない。
T：9枚でも13枚でも，横に並べたら真ん中のカードが必ず残るから，
　　先生は当てることができたんだね。

> **Point**
> 7が必ず残る理由を式や図をノートに書かせて考えさせたい

③発展的な課題を示す

T：では，カードを1～11の11枚にしてこのマジックをやるには，□－□の答えをいくつにしたらできるだろうね。
C：5かな？　7かな？
　（□－□＝6で，6のカードが残る）

> **Point**
> 奇数枚の連続した数字なら，このマジックができそうなことを発展的に考えるきっかけを与える

板書（最終）

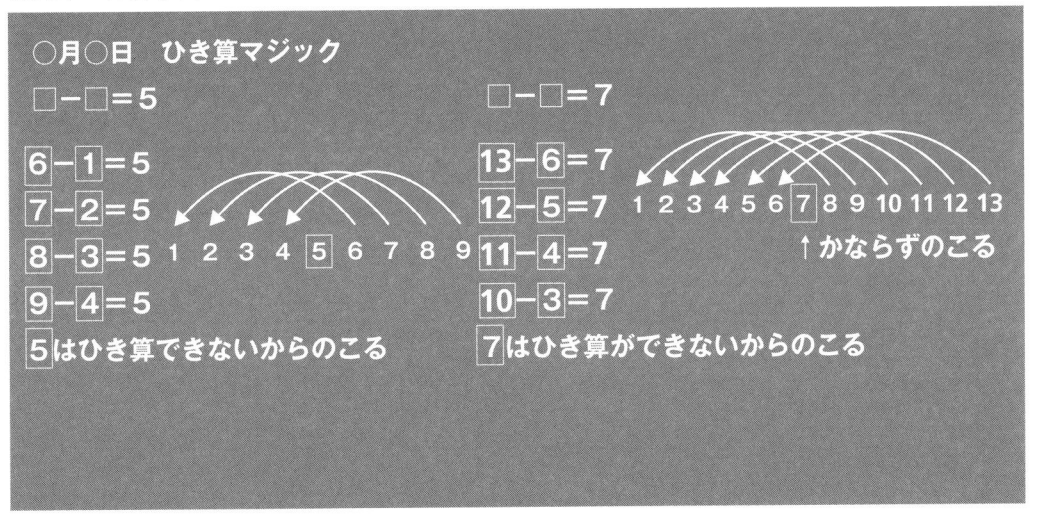

```
○月○日　ひき算マジック
□－□＝5                    □－□＝7
6－1＝5                    13－6＝7
7－2＝5                    12－5＝7      1 2 3 4 5 6 7 8 9 10 11 12 13
8－3＝5  1 2 3 4 5 6 7 8 9  11－4＝7              ↑かならずのこる
9－4＝5                    10－3＝7
5はひき算できないからのこる   7はひき算ができないからのこる
```

T：休み時間などに試してみましょう。

2．実践を振り返って

　教科書では，練習問題として，□＋□＝12のような式で，□に当てはまる数をいくつも考えさせる問題が多くある。本時は□に当てはまるカードをマジックに参加する子どもが引いて隠すことで，子どもが興味をもって□－□に当てはまる数を考えていた。

　マジックのタネ（きまり）は「奇数個の連続する整数を，□－□＝（最大値－中央値＋1）の□に入れていくと，必ず中央値のみが□に入らず残る」である。例えば，同じ13枚を使っても，□－□＝1や□－□＝2とすると残りは1枚にはなるが，1枚になるカードは限定されないので，残り1枚を当てるマジックとしては成立しない。また，残りのカードが複数枚になる場合もある。残り1枚になり，かつそのカードが限定されるときは，上記の場合のみである。偶数個の連続する数の場合は，1枚も残らない場合もある。

　本時は□－□に入る数を考えることがねらいなので，マジックのタネについては，数の並び方をもとに「真ん中のカード1枚を残してひき算ができる」ということのみにとどめた。授業後は，□－□＝9のような式を示すと，1つ式に気付き，そこからひかれる数とひく数を同じ数ずつ増やしたり減らしたりすることで，たくさんの同じ答えの式を書き出していた。

　また，同様のマジックがたし算でも可能であった。奇数個の連続する整数を，□＋□＝（最大値＋最小値）に入れると，中央値のみが残ることになる。

1年 かさくらべ

5 迷う場面にする

これじゃあ比べられないよ

[教科書では…]

どの入れ物の中に入っている水が一番多いでしょうか。

これを ⬇ アレンジ！

誰の水筒の中に入っている水が，一番多いでしょうか。

[アレンジポイント]

　任意単位であるコップを揃えないことで，任意単位を揃えなければ「何杯分」という数値を使って比べられないことに気付かせる。

1. 授業の様子

　子どもに水を入れた水筒を持ってこさせ，「誰の水筒が水をたくさん入れることができるのか」という展開にし，比べ方を子どもから引き出すようにする。その際，任意単位による測定に気付かせてから，コップを提示する。

① 比べ方を考える

T：今日はみんなにお家から水筒に水を入れて持ってきてもらいました。
C：誰の水筒が，一番水が入っているかなぁ。
C：水筒の中が見られないから，
　　見た目ではわからないよ。
C：クラスみんなの水筒を1つずつ比べていくのは大変だなあ。
C：何か同じ入れ物に入れて，
　　誰の水筒に入っている水が
　　一番高くなるか調べればいいと思う。
C：同じ入れ物を全員分揃えるのは無理だよ。
C：それなら，コップとかを使って「何杯分」か
　　調べて比べればいいと思う。
T：コップは用意しておいたから，
　　これを使って考えてみますか。
C：コップ何杯分かを調べて比べてみよう！

> **Point**
> 長さ比べで使った比べ方を思い出させて，かさ比べでも使えるのかを考えさせる

板書（過程）

```
○月○日
かさくらべのアイデア
①はじをそろえる
                    ┐
                    │ みんなでやったら
②おなじ大きさの入れものに ┘ 大へん
　入れかえる


③コップなんばいぶんで　← このほうほうで
　かぞえる　　　　　　　やってみよう！
```

②大きさの異なるコップを配る

T：では，コップを配りますから，それを使ってください。
　　（写真のような，大きさの異なるコップをランダムに配布する）

C：よし，測ってみよう。
C：あれ？　僕のコップは○○君のと大きさが違うよ！
C：私のコップは○○君と同じだけど，○○さんとは違うみたい。
C：先生！　みんなのコップが同じでないからだめだよ！

③コップの大きさが違うと比べられない理由を考える

T：どうして大きさが違うコップではいけないの？
C：例えば，僕の水筒の水なら，大きいコップで数えてみると3杯分で，
　小さいコップで数えてみると，5杯分になる。
C：3杯と5杯で5杯の方が多く見えるけれど，
　同じ水筒に入っている水を測ったのに
　「何杯分」の数が変わってしまうのはおかしい。
C：小さいコップで数えると，「何杯分」が多くなって，
　本当に入っている水よりもたくさん入っていると思っちゃう。
C：だから，「何杯分」を調べるときは，
　みんな同じコップで測らないとだめだよ。
T：では，どちらも大きい方のコップで揃えれば
　いいんだね。
C：大きい方のコップでもいいし，
　小さい方のコップでもどちらでもいい。
C：どちらでもいいけれど，
　みんなで揃えないとだめだよ。

> **Point**
> 同じ水筒の水の量を測っても，コップによって「何杯分」が変わることを言葉だけで理解するのは難しいので，コップを操作しながら確認させよう！

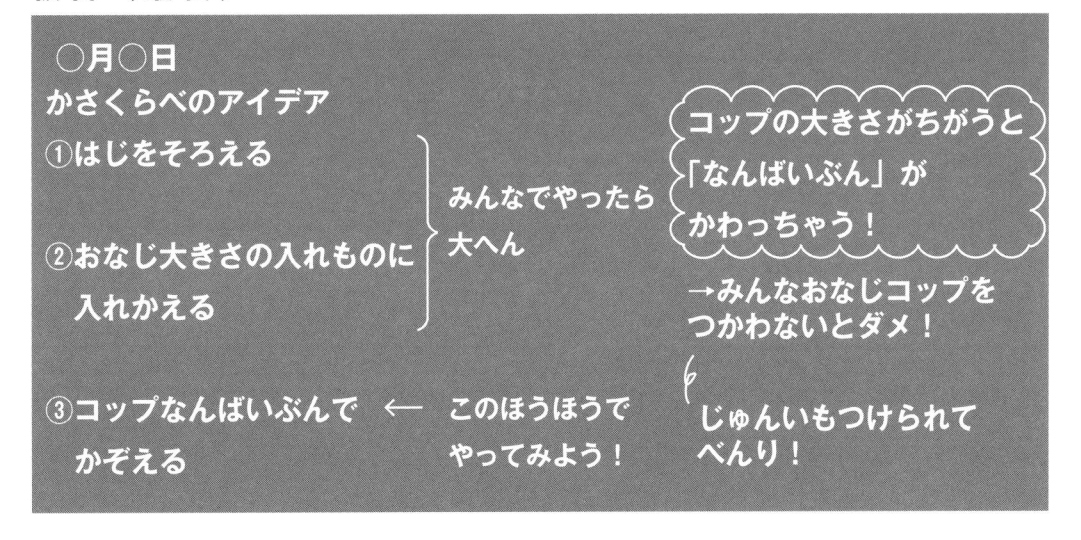

板書（最終）

```
○月○日
かさくらべのアイデア
①はじをそろえる
                        }みんなでやったら大へん     コップの大きさがちがうと
②おなじ大きさの入れものに                          「なんばいぶん」が
　入れかえる                                       かわっちゃう！

                                                 →みんなおなじコップを
                                                   つかわないとダメ！
③コップなんばいぶんで ← このほうほうで
　かぞえる              やってみよう！              じゅんいもつけられて
                                                 べんり！
```

④ 誰の水筒の水が一番多いか調べる

　コップの大きさを揃えることで「何杯分」を数値化して比べられるようになることだけでなく，1番，2番，3番…と順位をつけられることにも触れ，数値化するよさも感じさせられるようにするとよい。

2. 実践を振り返って

　本時は，長さ比べを2時間行った後の，かさ比べの2時間目に行った実践である。比べ方を考える際，長さ比べのときに使った方法を想起させ，直接比較や任意単位による測定がかさ比べでも使えるかを予想させたい。そうすることで，長さとかさの比べ方を「量の測定方法」として一般化してまとめていくことを心掛けたい。この後，広さ比べを学習する際も，既習の比べ方を想起させ，比べ方の共通性に気付かせていくようにする。

　基準とする量を揃えないと，「いくつ分」で表した数値を使って量の比較をすることができないことを理解することをねらった授業である。これは，測定をする際の基本となる考え方である。

　また，基準とする量を揃える際，大きいコップか小さいコップかを選ばせることで，どちらでもよいことに気付かせたい。基準とする量は自分で選ぶことができることを経験させるのである。基準とする量を選ぶ経験は，5年生で学習する割合の学習にも役立つものである。

1年 ひろさくらべ
6 迷う場面にする
重ねてもわからないよ

[教科書では…]

どちらが広いでしょうか。

これを ⬇ アレンジ！

次の3種類の紙は，どれが一番広いかな？

ア　　イ　　ウ

[アレンジポイント]

重ねれば広さ比べができるものだけではなく，重ねても比べられないものを混ぜておくことで，直接比較の考え方を深められる。

1．授業の様子

　広さ比べをする中で，重ねてもわからない場合に，「切って移動させる」という活動を行いながら，「重ねることで，どのように比べるのか」といった直接比較の考えを深めていく。

①広さについて考える

T：この3枚の紙で，どれが
　　一番大きいかわかるかな？
C：そんなのアに決まっているよ。
T：どうしてわかるの？
C：重ねてみればわかるよ。
T：どういうこと？
C：例えば，アとイだったら，
　　右下の図のように重ねれば，わかるでしょ。
C：縦の長さを見れば，比べられるんだね。
C：横の長さだってそうだよ。
C：違う，違う。このアの方が，
　　あまるから広いということだよ。
　　（斜線を引くことで，明確にする）

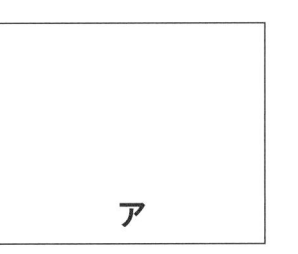

Point
まずは広さについて，
みんなで考えてみよう！

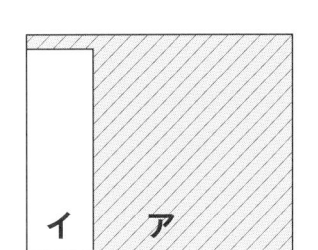

板書（過程）

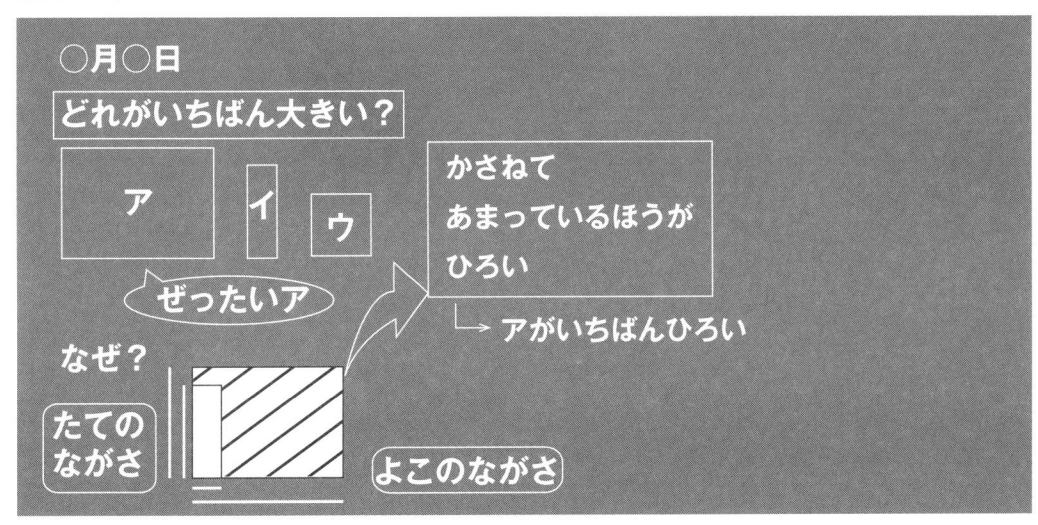

○月○日
どれがいちばん大きい？

ぜったいア
なぜ？

かさねて
あまっているほうが
ひろい
→アがいちばんひろい

たての
ながさ　　よこのながさ

②切って確かめる

T：なるほど。重ねてみれば，広さがわかりそうですね。
　　1人に1枚ずつ配るので，切って確かめてみましょう。
　　（児童用プリント配布）※3種類の色画用紙

ア 縦13cm　横17cm　　イ 縦12cm　横4cm　　ウ 縦8cm　横8cm

Point
あえて，実際の大きさのものを与えず縁取りをさせることで後ではさみを用いる活動が，自然と出るようにしよう!

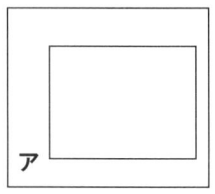

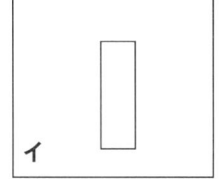

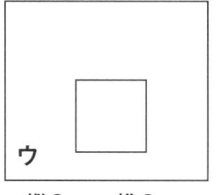

③重ねてもわからない場合について考える

C：本当だ。重ねてみたら，アが一番広いね。
C：でも，待って…。
T：何か言いたそうな人がいるみたいだけど，
　　何が言いたいのかわかるかな？
C：イとウの広さについてじゃないかな。
T：どういうこと？
C：イとウは，それぞれ中にちょうど入らないから
　　比べられないよ（右図参照）。
C：でもさ，切ってみればいいんじゃないの？
C：横の長さだってそうだよ。
C：はみ出た部分を切ってみて，あまっている部分に
　　重ねてみれば，比べられるよ。（下図参照）

Point
イとウを比べるつぶやきを全体で共有しよう!

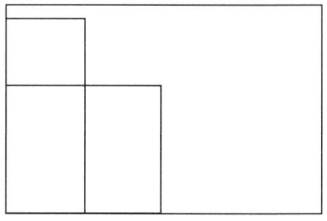

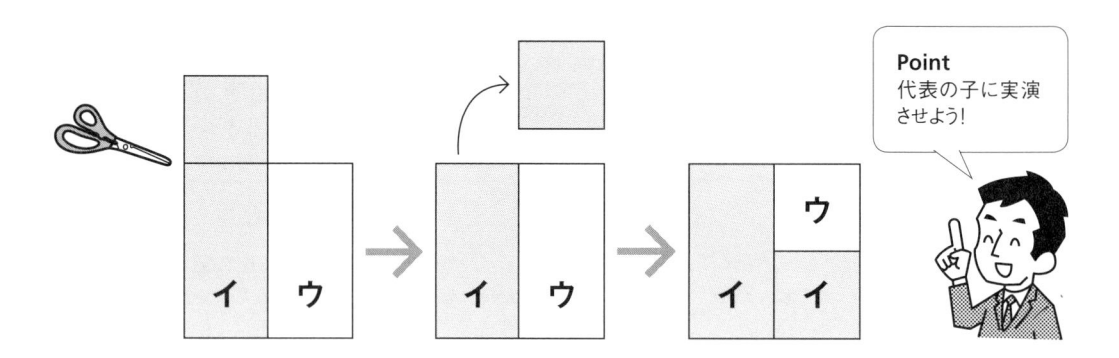

Point
代表の子に実演させよう!

T：これで，どうしてわかるの？
C：ウの方が，まだあまっている部分があるからイよりもウの方が広いよ。

36

板書（最終）

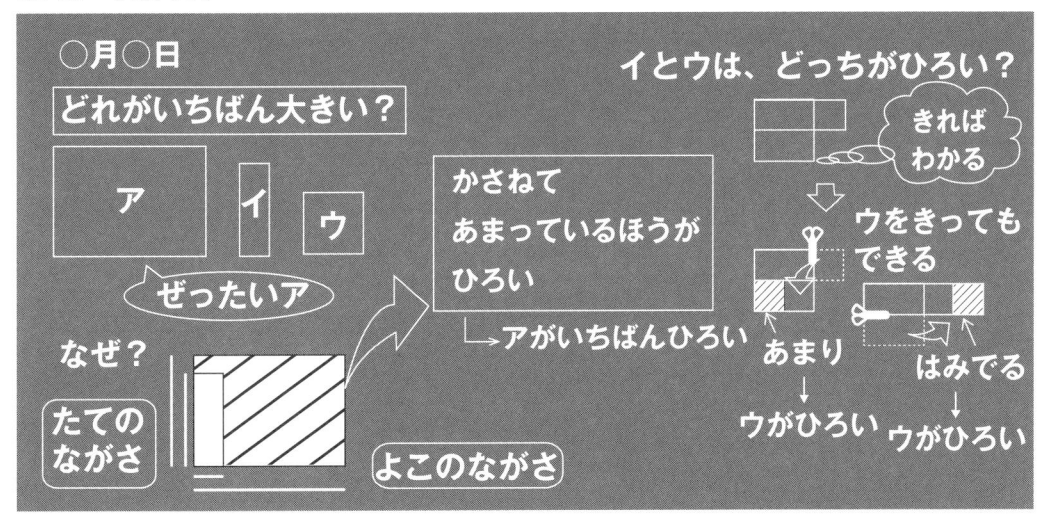

C：先生，私はウを切って，同じことをしたよ。

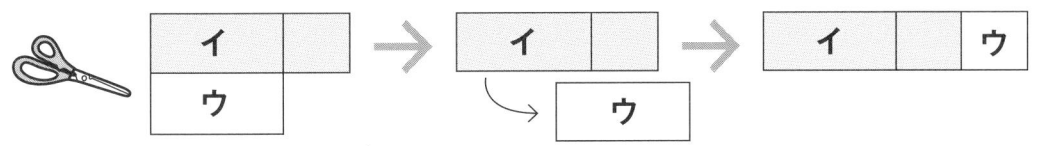

T：これだと，どう考えればいいの？
C：ウの方がはみ出ているということは，あまっているので，やっぱりイよりもウの方が広いことがわかるよ。

2．実践を振り返って

　広さ比べは，大抵１時間扱いで行われることが多い。そして，じゃんけんでの陣取りゲームなどによる，任意単位の考え方のみを扱い，直接比較の考え方はあまり取り上げられていないのではないだろうか。それは，それまでに「長さ比べ」や「かさくらべ」の活動を通して，直接比較や任意単位などの考えの素地ができているからであろう。しかし，この「広さ比べ」においても，直接比較の考え方をきちんと扱ってもよいのではないだろうか。重ねれば広さがわかるということだけではなく，長さやかさのときと同じように，「揃えることでのあまり」についての考え方を深めていきたい。そのためにも，重ねてもわからない場合について考えさせた。

　また，その活動には，「切って移動させても，面積は変わらない」という考え方が用いられているが，これは５年生の「多角形の面積」の単元にもつながってくるのではないだろうか。平行四辺形の面積を考える際に，正方形や長方形に帰着させる「等積変形」の考え方が用いられる。この素地として，１年生の活動の中で，経験させてもよいのではないだろうか。

1年 7 隠す 大きな数
いくつが隠れているのかな

[教科書では…]

0	1	2	3	4	5	6	7	8	9
10	11	12	13	14	15	16	17	18	19
20	21	22	23	24	25	26	27	28	29
30	31	32	33	34	35	36	37	38	39
40	41	42	43	44					

数の並び方を見て,気付いたことを言いましょう。

どんなきまりが見つかるかな。

これを ↓ アレンジ！

（最初は付箋で表のすべての数は隠されている）
紙をめくると0～100までの数が隠れています。
どこにどんな数が隠れているでしょうか。

0	1			4		6		8	9
10	11			14		16			19
				24		26			
40	41	42		44					49
						66			
80									
100									

[アレンジポイント]

　付箋をめくると下から数が現れる。子どもたちは，付箋に隠れた数をわくわくしながら当てたいと思う。数を当てる中で，自然とどんな数が隠れているのか予想したり，「どうしてわかったの？」と問うことで，数表のきまりに目を向けて理由を答えたりする。
　隠れている数と開いている数との関係により，表を縦に見たり横に見たり，あるいは斜めに見たりして理由を答えるだろう。

1. 授業の様子

0〜100 までの数が，すべて付箋で隠されている状態の表を黒板に貼り，「この紙をめくると 0〜100 までの数が出てきます」と説明する。

① 試行錯誤で付箋をめくり，数の並びを予想する

子どもたちに「どこをめくりたい？」と聞きながら数か所の付箋をめくっていく。
T：この表の中のどこのマスをめくりたいですか？
C：一番左の上を開けて！（少し予想させてからめくる）
C：0 だ。
C：やっぱり。
T：次は，どこのマスをめくりたいですか？
C：一番左の下を開けて！（少し予想させてからめくる）
C：10 かな？
C：100 かな？
C：あ〜 100 だ。10 じゃなかったね。

何回か，上記のようなやり取りを繰り返し，子どもたちから「やっぱり」「もうわかったよ」などの反応が返ってきたところで，次のように発問する。
T：このマスは，いくつだと思う？（46 だとする）
C：46 だ！
C：わかるよ！　簡単。
C：自信がある。
T：どうして，このマスが 46 とわかったの？

板書（過程）

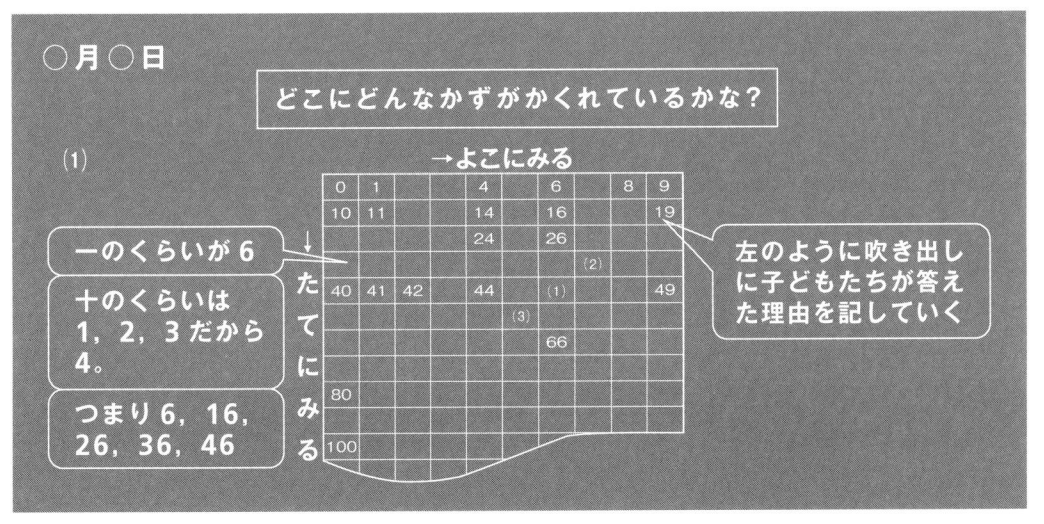

○月○日

どこにどんなかずがかくれているかな？

(1) →よこにみる

0	1			4		6		8	9
10	11			14		16			19
				24		26			
						(2)			
40	41	42		44		(1)			49
			(3)						
						66			
80									
100									

↓たてにみる

- 一のくらいが 6
- 十のくらいは 1，2，3 だから 4。
- つまり 6，16，26，36，46

左のように吹き出しに子どもたちが答えた理由を記していく

C：だって…。

　子どもたちが，付箋をめくらなくても「わかった！」と発言したということは，あるきまりに気付き，表を見始めたということである。その瞬間を見逃さず「どうして，わかったの？」と問うことで，子どもたちが発見したきまりを表現させる。

> **Point**
> 子どもたちが数をわかると言い始めたら，「どうして，わかったの？」と問い返そう!

②自分なりの見つけ方を考え発表し，数表のきまりに気付いていく

T：どうして，(46と) わかったの？
C：だって，上からずっと6，6，6…だからここも6。
C：一の位が全部6だもん。
C：そうそう。十の位は1，2，3だから4。
C：6，16，26，36…だから46。
T：なるほど！
　　この表を縦に見ていくといくつかわかるんだね。
C：まだ，あるよ。
T：他の見つけ方があるの？
C：49，48，47だから46。
T：なるほど！　今度は，この表を横に見ていって，いくつかわかったんだね。

> **Point**
> 「縦に見る」や「横に見る」などの表の見方を共有しよう!

　子どもたちは様々な見方で，付箋で隠された数を当てる。表を縦に見る見方，横に見る見方，あるいは斜めに見る見方をする子どもも出てくる。

　縦の場合，一の位は同じ数が並び，十の位が10ずつ増えている（あるいは，10ずつ減っている）。横の場合，十の位は同じ数が並び，一の位は1ずつ増えている（あるいは，1ずつ減っている）。斜めなら十の位も一の位もそれぞれ10ずつ1ずつ増えている（減っている）。

　これらのきまりを他の数でも確かめていくことで，数表のどこでもきまりが成り立っていることを確認していきたい。

③見つけたきまりを生かして，付箋で隠された他の数や100を超えた数を当てる

　ここでは，見つけたきまりが数表のどこでも成り立つことを確かめたり，100を超えるマスでもきまりが成り立つことを試したりする場とする。

T：(発問①) 実は，この表の下には，まだまだマスが続いています。
　　このマスに入る数はいくつかわかりますか？

7 1年：大きな数

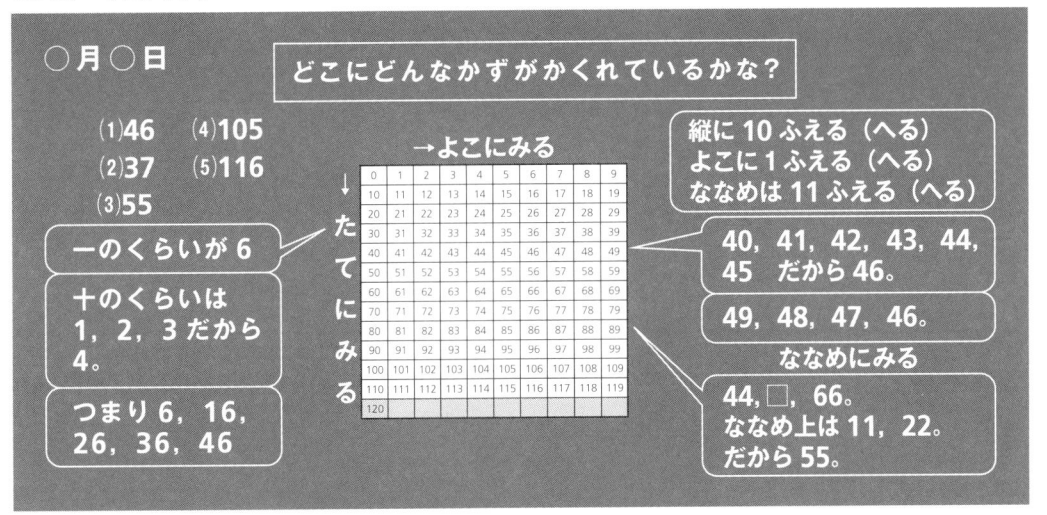

板書（最終）

○月○日　　どこにどんなかずがかくれているかな？

(1) 46　(4) 105
(2) 37　(5) 116
(3) 55

- 一のくらいが6
- 十のくらいは1, 2, 3だから4。
- つまり6, 16, 26, 36, 46

→よこにみる

たてにみる

0	1	2	3	4	5	6	7	8	9
10	11	12	13	14	15	16	17	18	19
20	21	22	23	24	25	26	27	28	29
30	31	32	33	34	35	36	37	38	39
40	41	42	43	44	45	46	47	48	49
50	51	52	53	54	55	56	57	58	59
60	61	62	63	64	65	66	67	68	69
70	71	72	73	74	75	76	77	78	79
80	81	82	83	84	85	86	87	88	89
90	91	92	93	94	95	96	97	98	99
100	101	102	103	104	105	106	107	108	109
110	111	112	113	114	115	116	117	118	119
120									

縦に10ふえる（へる）
よこに1ふえる（へる）
ななめは11ふえる（へる）

- 40, 41, 42, 43, 44, 45 だから46。
- 49, 48, 47, 46。

ななめにみる
- 44, □, 66。
  ななめ上は11, 22。
  だから55。

T：（発問②）105は，どこになるかわかるかな？
C：わかるよ。95の下は，105でしょ。
T：どうしてわかったの？
C：だって，95の下だから10増えるでしょ。
　十の位は，10になるから105だよ。

　2通りの発問を示した。「マスに入る数がいくつになるか」と「ある数がどこのマスに入るか」である。どちらの聞き方でも，大切なのは「どうしてわかったの？」と理由を問うことである。理由の中に数表のきまりに着目した表現が出てくるからである。その表現を価値付けすることによって，きまりを用いるよさまで感得できるようにしたい。

> **Point**
> 表のどの数を見つけるときも同じように見つけられるか考察し，きまりを共有しよう！

2．実践を振り返って

　子どもたちは，授業が終わるまで数を当てることに熱中することができた。きまりについても，横に10，縦に1ずつ増える（減る）ことや縦に一の位が同じ数，横に十の位が同じ数ということに自然と目がいった。中には，式で表す子どもたちもいた。斜めに見ることは出ないかもしれないと思っていたが，斜めの見方をする子どももいた。きまりを用いると隠れた数がわかるというよさに触れることができた。しかし，最初から0～100までの数表を出すのは，1年生にとっては少し負担が大きく難しかったように思った。そこで，子どもたちの実態に合わせて，数表を0～50までの小さな範囲で考えさせて，その後で大きく広げる方法をとってもよかった。

2年 長さ

8 考察の対象をつくる

ペアで紙飛行機を飛ばそう

[教科書では…]

1m20cmの棒に70cmの棒をつなぎます。
つないだ長さは，何m何cmになりますか。

───1m20cm─── ──70cm──

これを ↓ アレンジ！

ペアで紙飛行機を飛ばそう！
2人の紙飛行機の飛んだ長さが
一番大きいペアがチャンピオン！！

[アレンジポイント]

　2人組のペアで紙飛行機を飛ばす活動を行う。それぞれの記録を合計し，クラスの中でチャンピオンを決める。子どもたちが紙飛行機の飛んだ長さをものさしを使って測ったり，それぞれの記録を合計したりすることに必然性をもたせることで，単位のついた長さについても加法性が成り立つことの理解を深められるようにしたい。

1. 授業の様子

2人組のペアで紙飛行機の飛んだ長さを調べる活動を通して，「cm」よりも長い単位である「m」の必要性を感じさせるとともに，単位ごとに加法の計算ができることに気付かせ，長さの計算の理解を深めていく。

Point
実際に子どもたちと測り方を確認しよう!

① 飛行機の飛んだ長さを考える

T：どうすれば，どれだけ紙飛行機が飛んだのかわかるかな？
C：紙飛行機を投げたところから止まったところまで測ればいいよ。
C：体育でやった幅跳びみたいにね。
C：真っ直ぐ測らないといけないよ。
T：真っ直ぐって？
C：上履きの先から紙飛行機が落ちたところ（紙飛行機の後ろ端）まで直線で測るってこと。
C：ものさしを使えば直線で測れるよ。
T：みんな30cmのものさしを持っているよね。
C：でも，30cmだと短い気がするけど…。
C：だったら，先生の1mのものさしを借りようよ。
T：あれっ，1mのものさしは2人に1本しかないよ。
C：1mのものさし1本と自分の30cmのものさしがあれば大丈夫だよ。
C：いっぱい飛んだときは，1mが何回ってすればわかるからね。
T：どういうこと？

板書（過程）

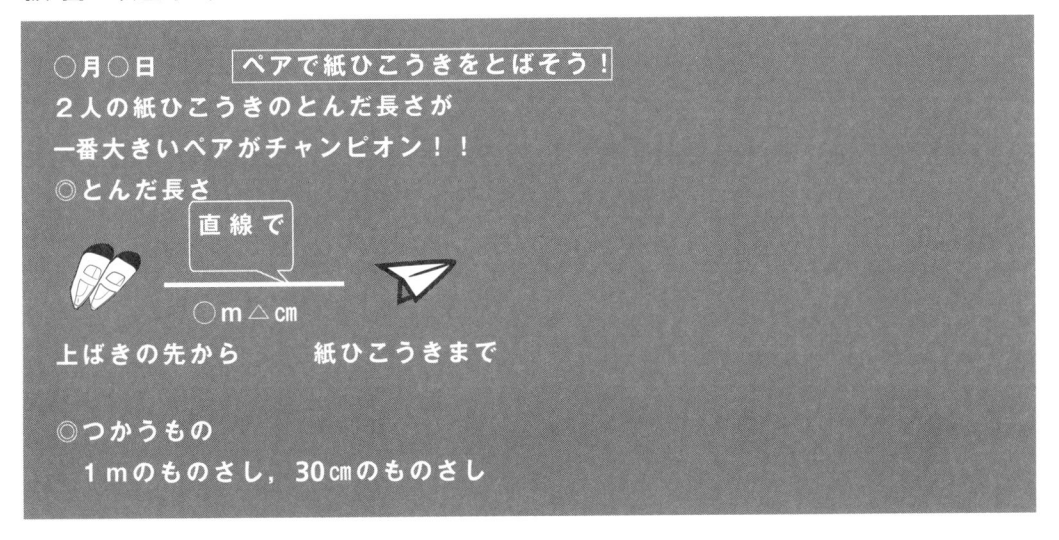

○月○日　　ペアで紙ひこうきをとばそう！
2人の紙ひこうきのとんだ長さが
一番大きいペアがチャンピオン！！
◎とんだ長さ
　　直線で
　○m△cm
上ばきの先から　　紙ひこうきまで

◎つかうもの
　1mのものさし，30cmのものさし

C：1mが2回で2m，1mが3回で3mってこと。
C：短い長さのときは，30cmのものさしを使って測ればいいね。

② 紙飛行機を飛ばす

T：順番に紙飛行機を飛ばしてみよう。
　　（長さを測った記録はノートに書かせる）
C：予想は3mだけど当たっているかな？
　　（どのくらい飛んだか長さを測る前に予想させる）
C：3m10cmだったよ。予想に近かったね。
C：僕の紙飛行機が2m飛べば，2人で5mを超えるよ。
C：あっ，2mを超えたみたいだよ。
C：やった〜，2m30cmだよ。
C：これなら2人で5mを超えたね。

> **Point**
> 紙飛行機が飛んだ長さについて，およその見当をつけてからものさしを使って測定する活動を大切にしよう！

③ 2人の長さの合計を出す

T：どうすればAチームの紙飛行機の飛んだ長さがわかるかな？
C：2人の長さを合わせればわかるよ。
C：ということは，たし算だね。
C：3m10cmと2m30cmのたし算だ。
C：でも，たし算ってことはわかるけど…。
T：何か困っている人がいるみたいだけど，
　　どのようにたし算をすればいいのかな？
C：「cm」と「mm」のときと同じようにすればいいよ。
T：どういうこと？
C：前に「cm」と「mm」で学習したときも長さのたし算をしたでしょ。
C：だから「m」と「cm」でもできるはずだよ。
C：3m10cm＋2m30cmと書けばいいね。
C：同じ長さの単位同士をたせばできるはずだよ。
C：3m＋2m＝5mで…。
T：続きがありそうだね。
C：10cm＋30cm＝40cm
C：だから，Aチームは5m40cmになるよ。
C：Bチームは，2m60cm＋2m90cmだね。
C：ということは，4m150cmだ。
C：あれっ，何か変だよ…。
C：4mの後に150cmってするのはおかしいよ。

> **Point**
> 単位を揃えて計算するという考えは，子どもたちから出てくるまでじっくりと待つようにしよう！

板書（最終）

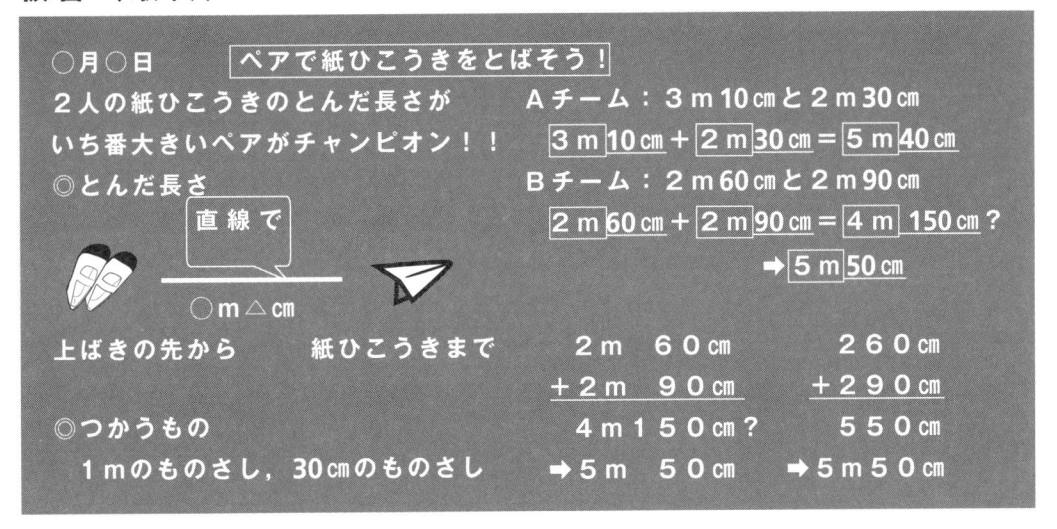

```
○月○日          ペアで紙ひこうきをとばそう！
２人の紙ひこうきのとんだ長さが     Aチーム：３ｍ10㎝と２ｍ30㎝
いち番大きいペアがチャンピオン！！   ３ｍ10㎝＋２ｍ30㎝＝５ｍ40㎝
◎とんだ長さ                Bチーム：２ｍ60㎝と２ｍ90㎝
         直線で           ２ｍ60㎝＋２ｍ90㎝＝４ｍ150㎝？
                                    ➡５ｍ50㎝
          ○ｍ△㎝
  上ばきの先から  紙ひこうきまで   ２ｍ 60㎝      260㎝
                         ＋２ｍ 90㎝    ＋290㎝
◎つかうもの                ４ｍ150㎝？     550㎝
  １ｍのものさし，30㎝のものさし   ➡５ｍ 50㎝    ➡５ｍ50㎝
```

C：100㎝＝1ｍだから150㎝＝1ｍ50㎝ってことでしょ。

C：だから，2ｍ＋2ｍ＝4ｍに1ｍ50㎝をたすから，Bチームは5ｍ50㎝だよ。

C：筆算みたいにすると単位がわかりやすくなったよ。

C：同じ長さの単位を揃えてたせばできるね。

C：だったら，長さのひき算のときも同じように考えればよさそうだね。

2．実践を振り返って

　長さの加減の計算では，長さの加法性についての理解が不可欠である。また，長さに限らず量の加減では，同じ単位同士を計算することがきまりである。ある単位の数量が大きくなって上の位の単位に繰り上げなければならない場合が生じてくるような単位換算を必要とする計算は，単位間の関係を押さえて理解させていきたい。

　本時では，長さでも加法性が成り立つことや単位を揃えれば計算ができることに気付かせたいと考え，2人組のペアで紙飛行機を飛ばす活動を行った。自分の投げた紙飛行機が飛んだ長さについて，1ｍのものさしを何個もつないだり，はじめの1ｍのものさしを移動させて継ぎ足したりして測ることは，基本的な単位の量感を体得することにつながる。そして，自分の飛ばした紙飛行機だからこそ，より正確に測ろうとする。測ったらまた飛ばし，前の記録より何㎝伸びたとか，縮んだとか比べる。また，個人ではなく，ペアでの対決にすることにより，2人の記録を合計するという学習活動が自然と行われる。この量の加法性は，量の移動・変形・合成・分解などをとらえるときの基礎となるので，2年生の活動の中でも十分に経験させておきたい（なお，本稿では10㎝刻みの数値となっているが，子どもたちの実態に応じて，一の位まで正確に計算させてもよい）。

2年 計算の工夫

❾ 考察の対象をつくる

工夫して計算しよう

[教科書では…]

計算練習をしましょう。
　①40＋90　②80＋30　③140－60　④150－90

これを ⬇ アレンジ！

たろうくんは，50円玉貯金をしています。
お買い物をする際にも，おつりになるべくたくさんの50円玉がもらえるように，買う順番や出すお金を工夫しています。
※ただし，お店の人はなるべく少ない枚数のお金でおつりを返そうとします。
70円の買い物をするとき，120円を出すと50円のおつりをもらえることとします。

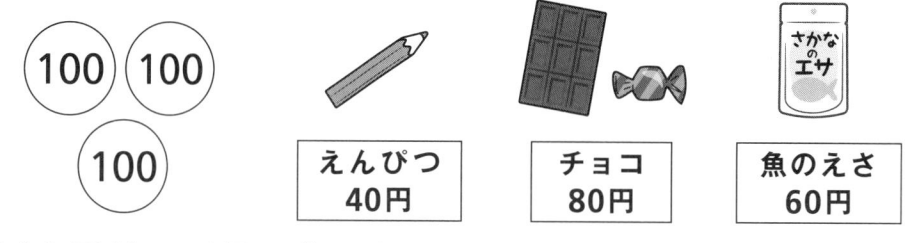

(100) (100)
(100)

| えんぴつ | チョコ | 魚のえさ |
| 40円 | 80円 | 60円 |

300円持って買い物に行って，3つの商品を買うとき，50円玉が最も多く手に入る買い方を考えましょう。

[アレンジポイント]

　日常生活の買い物の場面では，意図的に多めに支払うことで，おつりをきりのよい金額にすることがよくある。「いくら払うと，いくらのおつりが返ってくる」という見通しをもたなければ，こういった買い物の仕方はできない。何十何百の計算を理解した場面で，積極的に数に働きかける活動を通して習熟を図ることができる。

1. 授業の様子

50円玉でおつりをもらえるように見通しを立てながら買い物の仕方を考え，それを式に表すことで何十何百の加法・減法に習熟する。

① 問題場面をとらえる

T：財布に100円玉1枚と10円玉2枚が入っています。
　　さて，70円のおかしを買うとき，みんなはいくらお店の人に渡しますか？
C：100円です。
T：そうですね。でも，こういうときお店の人に120円渡すと，
　　おつりを50円玉でくれることがあります。
C：知ってる！　お母さんがおつりのお金がまとまるように払うことがあるよ。
T：今日は，50円玉でおつりをもらえるように，買い物の仕方を考えてみましょう。

② 50円玉を多くもらえるように，買い物の仕方を考える

| 持っているお金　100円玉3枚 |
| 買うもの　　　　　えんぴつ40円　チョコ80円　魚のえさ60円 |

T：隣の人と役割を決めて，50円玉を多くもらえるように買い物してみましょう。
　　（操作用のお金を用意し，しばらくペアで模擬買い物をする）

板書（過程）

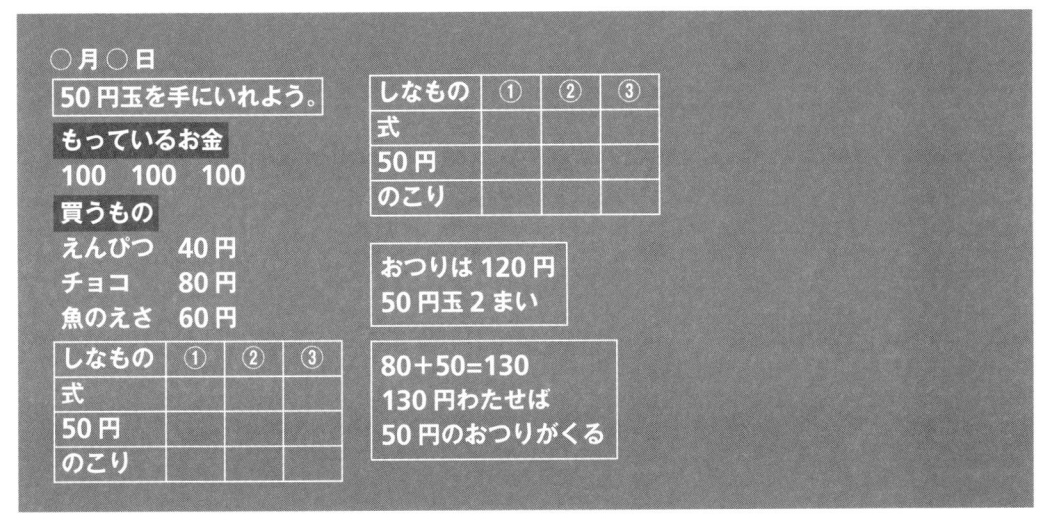

○月○日
50円玉を手にいれよう。
もっているお金
100　100　100
買うもの
えんぴつ　40円
チョコ　　80円
魚のえさ　60円

しなもの	①	②	③
式			
50円			
のこり			

しなもの	①	②	③
式			
50円			
のこり			

おつりは120円
50円玉2まい

80+50=130
130円わたせば
50円のおつりがくる

操作用の模擬品物とお金（切り離して使う）

えんぴつ 40 円	チョコ 80 円	魚のえさ 60 円		
100 円	100 円	100 円	100 円	10 円
50 円	50 円	50 円	50 円	10 円
10 円	10 円	10 円	10 円	10 円

③ 買い物の仕方を式に表す

T：自分の買い物の仕方を式に表してみよう。

Point
表のかき方は，板書を使って全員で確認！　模擬のお金を使って，式と操作を対応させよう!

例1

しなもの	①えんぴつ	②魚のえさ	③チョコ
買い物のしき	100 − 40 = 60	110 − 60 = 50	100 − 80 = 20
50 円玉の枚数	1 枚	2 枚	2 枚
のこりのお金	260 円	200 円	120 円

例2

しなもの	①魚のえさ	②チョコ	③えんぴつ
買い物のしき	100 − 60 = 40	130 − 80 = 50	100 − 40 = 60
50 円玉の枚数	0 枚	1 枚	2 枚
のこりのお金	240 円	160 円	120 円

C：残りのお金は 120 円。50 円玉は 2 枚になるよ。

T：買う順番が違っても，工夫すれば 50 円玉は 2 枚手に入るのですね。

T：工夫して買い物しているけれど，
　　お店に渡すお金はどういう数にすればいいのかな。

C：80 円のものを買って，50 円のおつりをもらいたいから，
　　130 円渡せばいいんだよ。

T：どういうこと？　130 円になることを式で言えるかな？

C：80 + 50 で 130 円。

C：60 円のものだったら，60 + 50 で 110 円渡す。

T：そうやって，あらかじめ計算しておくと
　　50 円玉がもらえますね。

Point
子どもの考え方を式に表せるチャンスは逃さないように進めていこう

板書（最終）

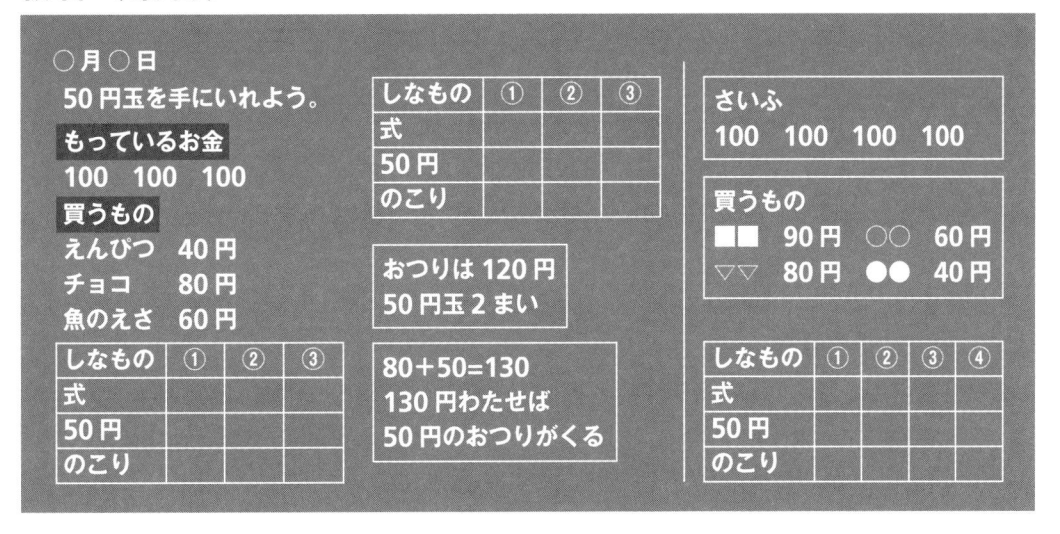

```
○月○日
50円玉を手にいれよう。
もっているお金
100  100  100
買うもの
えんぴつ  40円
チョコ    80円
魚のえさ  60円
```

しなもの	①	②	③
式			
50円			
のこり			

```
おつりは120円
50円玉2まい

80+50=130
130円わたせば
50円のおつりがくる
```

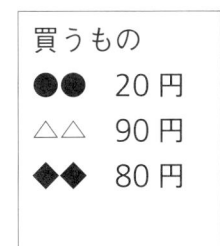

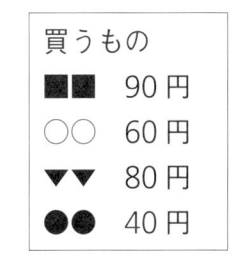

```
さいふ
100  100  100  100

買うもの
■■ 90円   ○○ 60円
▽▽ 80円   ●● 40円
```

しなもの	①	②	③
式			
50円			
のこり			

しなもの	①	②	③	④
式				
50円				
のこり				

④ 値を変えて，買い物の仕方を考える

　持っているお金，買うものの値段などをカードにしておいて，様々な条件が生まれるようにする。

```
財布
100  100
100  100
```

```
財布
100  100
100
```

```
買うもの
●●   20円
△△   90円
◆◆   80円
```

```
買うもの
■■   90円
○○   60円
▼▼   80円
●●   40円
```

2．実践を振り返って

　買い物は子どもの日常生活で頻繁に経験する場面であるので，算数の活動の中に積極的に取り入れていきたい。今回の学習も大人は普段の生活で自然に行う計算である。必要感とまではいかなくとも，単なる練習問題よりも計算する意味が見いだせる場面であり，そこに自分の工夫する余地もある。こうした学習を行うことによって，子どもたちは計算を活用している生活場面に気付くアンテナをもつことができる。習熟は習うより慣れろである。生活の中で工夫して計算していこうという態度を養うことが近道ではないだろうか。「兄弟で分けられるようにおつりをもらう」など，様々に条件を変えていくこともできる。

　算数での活動が，自然に生活場面で生かされていくとき，筋道を立てて考える力をさらに伸ばしていけると考える。

2年 ⑩ 考察の対象をつくる
三角形と四角形
先生を捕まえよう

[教科書では…]

点と点を直線で結んで、動物たちを囲みましょう。

これを ⬇ アレンジ！

ひもを使って、先生を捕まえよう！

[アレンジポイント]

　実際に動く人を捕まえるためには、まわりを取り囲む必要がある。そのために、点と点を結んで直線をつくる活動ではなく、どのように直線で囲めばいいのかを考えさせていく。

1. 授業の様子

　先生を直線のひもで捕まえるにはどうしたらいいのかを考えることで，1本でも2本でも足りないことに気付き，何かを囲む，つまり面としての形がつくられるためには3本以上の直線が必要であることを理解する。

① 直線について考える

T：1本のひもがあります。
　　2人で持つには，どんな持ち方があるかな。
C：緩ませて持つ。　　　C：真っ直ぐピンと持つ。

Point
子どもたちに実演をさせてみながら，様々な持ち方を確認しよう！

T：このように，真っ直ぐピンと張った線を「直線」と呼びます。
　　（この後，直線を引く練習をノートにする）

② 先生を捕まえる

T：今日は，このひもで，先生を捕まえてもらいます。
　　どのようにしたら，できるかな？
C：簡単だよ。僕にやらせて（図1）。
T：なるほど。輪っかにしたら，どこにも逃げられませんね。
C：でも，上からと下からは逃げられるよ。
T：確かにそうですね。でも今日は，上下は考えないようにしましょう。

（図1）

板書（過程）

```
○月○日                ひもで先生をつかまえよう！
先生をつかまえよう！
1本のひものもちかた          わっか
                           →にげられない

          ～ちょく線では，できるかな？～
   たるんでいる
                      →うしろに
                        にげられる
   ピンとはっている
      「ちょく線」とよぶ    ひもをふやせば
```

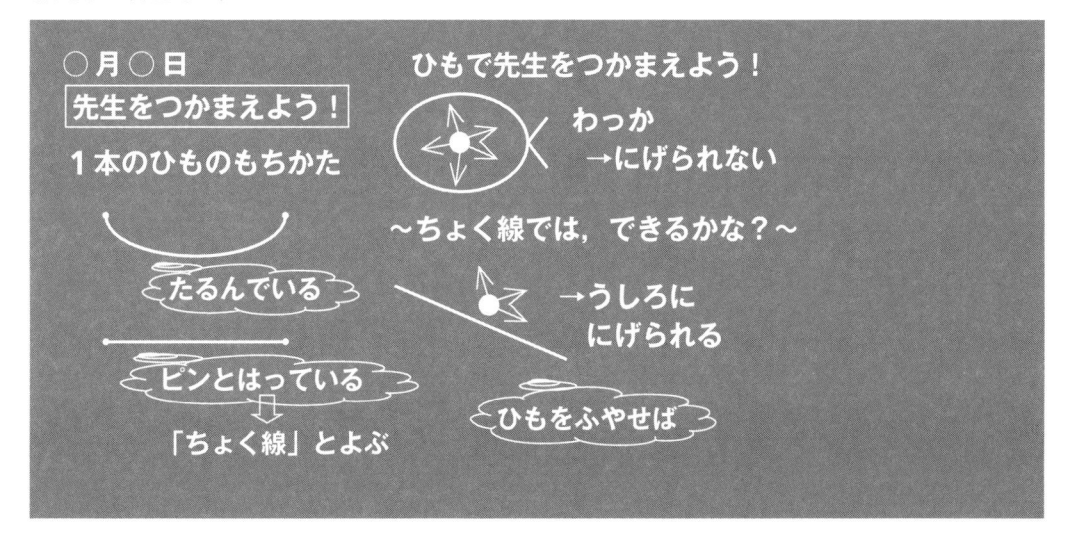

T：では，ひもを直線にしたらできますか。
C：今度は 2 人必要だね。
C：できそう。やってみたい（図 2）。
C：でも，これだと先生は後ろに逃げられてしまうね。
C：じゃあさ，先生，壁の前に立って。
　　できた（図 3）。
C：でもさ，それだと，ひもが直線になってないよ。
C：そうだね。
C：ひもを増やしたら，できるんじゃないかな。

③ **ひもを増やす**

T：では，何本だと捕まえられそうか考えてみよう。
　　（各自，ノートに先生を●と考えてかかせる。その後，ひもを使って実演する）
C：2 本のひもでできたよ（図 4）。
C：でもさ，それってひもで挟んでいるだけで，最終的には，人で捕まえているのと同じだよ。
C：そっか，ひもだけで捕まえないといけないんだよね。
C：3 本ならできるよ。今度は，3 人協力して（図 5）。
T：確かに，これでは先生は逃げられませんね。
C：「さんかく」にすれば，いいんだね。
C：先生，4 本でもできるよ。
C：できそう。今度は，4 人必要ね。
　　やっぱり，できた（図 6）。
C：今度は，「しかく」になっているね。

④ **まとめる**

T：なるほど。このように囲んであげれば，先生は逃げられませんね。
C：5 本とかでもできそうだし，何本でもできそう。
C：でも，2 本とかはできないし，最低 3 本は必要だね。
T：このように，3 本の直線で囲んでできた形を「三角形」と呼びます。
C：じゃあ，4 本の直線で囲んだ形は，「四角形」と呼ぶんだね。

（図 2）

（図 3）

Point
ひもを増やすというアイデアは，子どもたちから出るまで辛抱強く待とう！

（図 4）

（図 5）

（図 6）

Point
今までの「さんかく」や「しかく」と違って，直線で囲まれていることをきちんと押さえよう！

板書（最終）

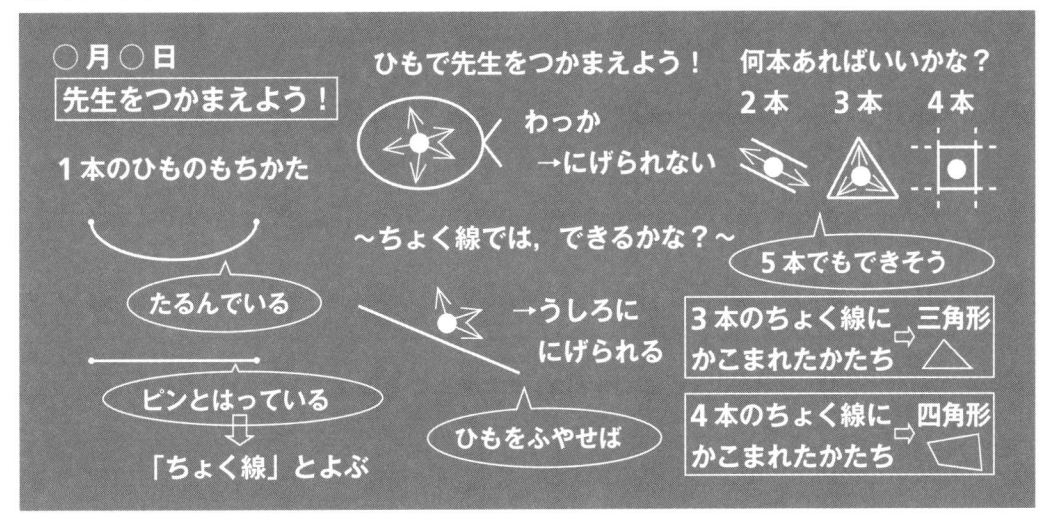

○月○日
先生をつかまえよう！
1本のひものもちかた
たるんでいる
ピンとはっている
↓
「ちょく線」とよぶ

ひもで先生をつかまえよう！
わっか
→にげられない
～ちょく線では，できるかな？～
→うしろににげられる
ひもをふやせば

何本あればいいかな？
2本　3本　4本
5本でもできそう
3本のちょく線にかこまれたかたち　三角形
4本のちょく線にかこまれたかたち　四角形

2. 実践を振り返って

　動物を逃がさないように点と点を結ぶという活動は，子どもたちにとって必要感のないことなのかもしれない。しかし，それが実際に動く人であったとするならば，どのようにしたら逃げられないようにできるかを考え出すだろう。

　直線でまわりを取り囲むには，最低3本の直線が必要である。しかし，子どもたちは，1本でできそうだという考えから，なかなか抜け出せなかった。その理由は，壁を使ったり，自分自身の体でふさいだり，ひもという条件以外のものを使っていたからである。

　その条件を1つずつ解決していくことで，「ひもを増やす」というアイデアが生まれてくるだろう。この言葉を聞き逃さずに，次の活動へとつなげていけるかがポイントである。そして，すぐに実践するのではなく，3次元で考えていたものを，ノートにかくという2次元の世界に移してあげることで，最後の段階で「三角形」や「四角形」といった，平面図形としてまとめることができる。

　その際，普段の生活や，1年生のときに学習した「さんかく」や「しかく」と何が異なるのかが理解できない子もいるだろう。あくまでも「直線で囲まれた形」ということを押さえてあげる必要がある。そのために，③までは全体で確認した後，4～5人1組のグループをつくり，同様の活動をすることで，一人ひとりの理解を深めてもよい。

　また，三角形，四角形を定義した後，点や辺などの言葉も教えたが，「ひもを持っている手の部分に当たる部分を点と呼ぶ」など，子どもの活動とつなげてあげることも大切である。

2年

11 考察の対象をつくる
かけ算（1）

どうやって並べたら，数えやすいかな

[教科書では…]

乗り物に何人乗っているかな？

これを　↓　アレンジ！

全部でいくつあるかな？

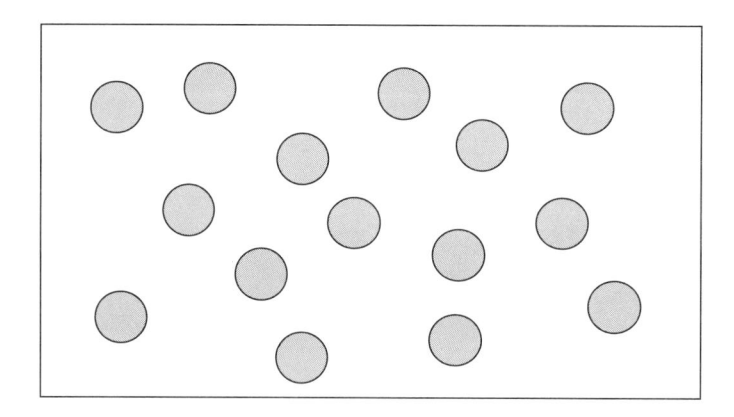

[アレンジポイント]

　ばらばらに並べられたマグネットの総数を問われても簡単にはわからない。そこで，マグネットをきれいに並べ替え整理する中で，「1つ分の大きさ」が「いくつ分」という見方を獲得させたい。

11 2年：かけ算（1）

1. 授業の様子

丸いマグネットを貼った小黒板を一瞬だけ見せ，マグネットの総数を問う。「ぐちゃぐちゃだからわかりづらい」という意見から，「整理したい」という気持ちを引き出したい。マグネットの合計数がすぐにわかるためには，どんな並べ方がいいかを考える。

① マグネットの合計数を予想する

T：マグネットは，全部でいくつかわかるかな？
　（一瞬だけマグネットを見せる）
C：えーわからないよ！　もう1回見せてほしい。
　（今度は，少し長めにマグネットを見せる）
C：わかった！　15だ！
T：正解です。マグネットは全部で15です。
C：やった！　でも，ぐちゃぐちゃしててわかりづらいな。
C：きれいに並べ替えれば，わかりやすいのに。

Point 整理したいという気持ちを引き出そう!

② 15個のマグネットの並べ方を考える

C：こんなふうに並べたよ！（10と5）
T：どうして，この並べ方をしたの？
C：10と5に分かれているから，わかりやすい。

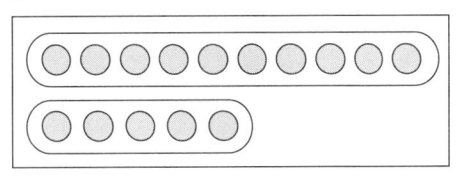

10と5

板書（過程）

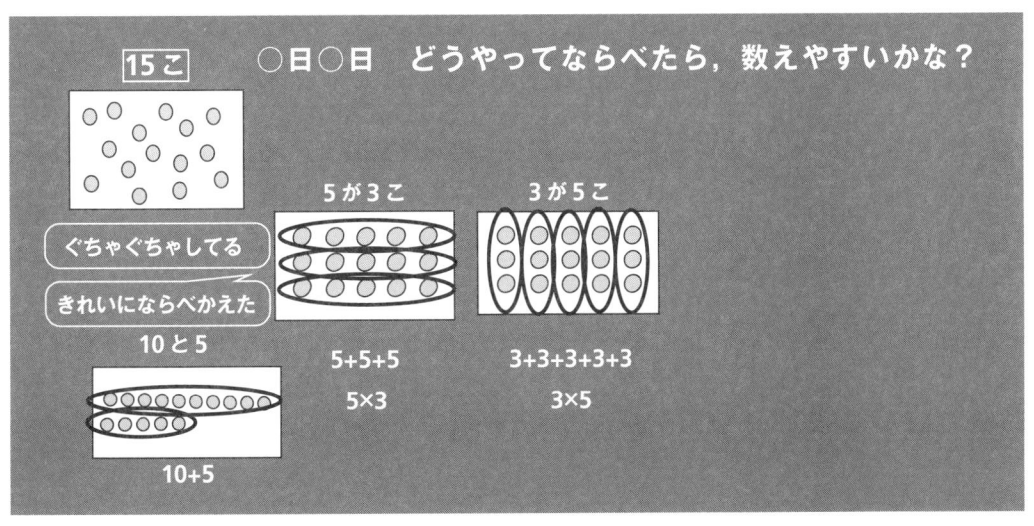

○日○日　どうやってならべたら，数えやすいかな？

15こ

ぐちゃぐちゃしてる
きれいにならべかえた

10と5
10+5

5が3こ
5+5+5
5×3

3が5こ
3+3+3+3+3
3×5

T：10をつくるという考え方は素晴らしいですね。この並べ方を式で表せるかな？ 
C：10 + 5 = 15 だよ。
C：私は，こんな並べ方にしたんだ。(5 × 3)
C：5が3個あるから，わかりやすい！
T：どこに5が3個あるの？
C：これが5でしょ？
それが3個だから15になる。
T：同じかたまりがいくつあるかを数えたんだね。
C：式で表すと，5 + 5 + 5 = 15 だよ。
C：並べ方は同じだけど，数え方が違う。(3 × 5)
C：私は3が5個あるって考えたよ。
T：どこに3が5個あるの？
C：これが3でしょ？
それが5個だから15になる。
T：同じ並べ方でも，「1つ分の大きさ」が変わると数え方が変わるんだね。
C：式は，3 + 3 + 3 + 3 + 3 = 15 だ。
C：うわー長い式だね。書くのが大変だな。 
T：3を5回たす式（3 + 3 + 3 + 3 + 3）は，「3 × 5」と書き，「3かける5」と読みます。同じ数をいくつかたすことを「かけ算」と言います。
また，3 × 5の3は「1つ分の大きさ」，5は「いくつ分」を表しています。
C：たし算の式で表すと大変だけど，かけ算の式で表すと簡単だね。

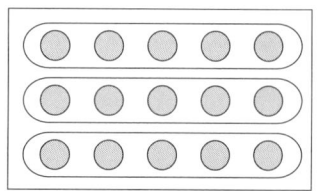

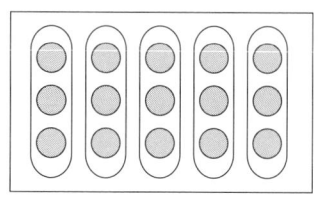

Point
「1つ分」が「いくつ分」あるか意識させよう！

5が3個

3が5個

Point
3を5回たす式を書くことは，大変だと実感させよう！

③ かけ算の考え方を活用する

T：マグネットを1個増やして，16個にします。かけ算で表せるかな？
C：ぼくは，こんなふうに並べたよ。(2 × 8)
T：これはかけ算になるの？
C：うん。だって，2が8個だもん。
C：式で表すと，2 × 8 だよ。
C：だったら，8が2個とも言えるよ。
C：式で表すと，8 × 2 だよ。
C：まだあるよ！私はこうしたよ！(4 × 4)

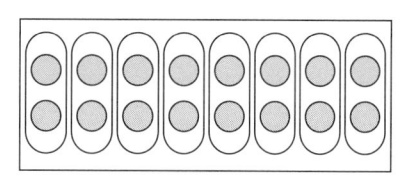

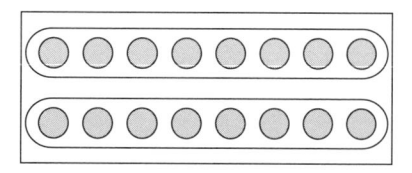

2が8個

8が2個

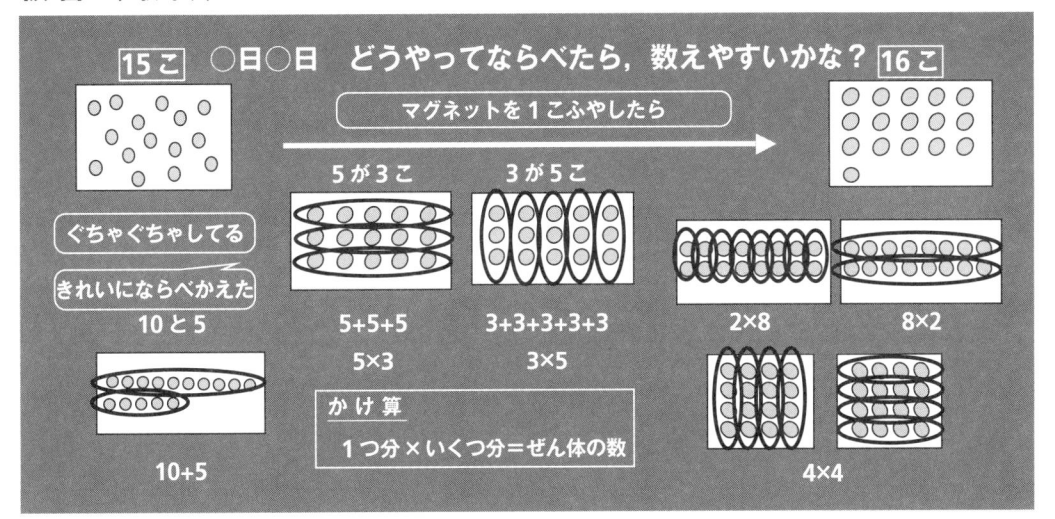

板書（最終）

[板書イメージ：15こ ○日○日 どうやってならべたら、数えやすいかな？ 16こ／マグネットを1こふやしたら／ぐちゃぐちゃしてる／きれいにならべかえた／10と5／5が3こ：5+5+5、5×3／3が5こ：3+3+3+3+3、3×5／2×8／8×2／10+5／かけ算 1つ分×いくつ分＝ぜん体の数／4×4]

C：4が4個だね。
T：どこに4が4個あるの？
C：縦1列が4個でしょ？ それが4つ分。
C：横1列が4個で，それが4つ分でもいいよね。
C：式で表すと，どっちも4×4でおもしろいね。

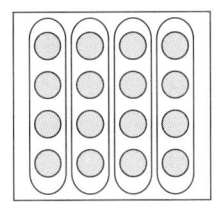

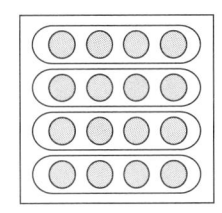

4が4個

2．実践を振り返って

　通常，かけ算の導入では，乗り物やお皿などの上に数える対象があるため，1つ分の大きさをとらえやすい。しかし，あえて「1つ分の大きさ」がとらえづらい場面を設定し，自分自身で「1つ分の大きさ」をつくり出す活動を仕組んだ。この活動を通して「1つ分の大きさ」が「いくつ分」あるかという見方を意識させたい。
　授業前半は，マグネット15個を並べ替えるようにし，子どもにとって見やすい5が3個分という考え方を引き出せた。しかし，「10と5」のような並べ方をした子もいた。かけ算のねらいとは直接関係ないが，否定せず「10というかたまり」を意識した見方を認めたい。また，かけ算の反例として扱ってもおもしろい。後半は，マグネットを1つ増やし16個の場面に変えた。新たにマグネットの並べ方を考えることを通して，かけ算を活用できているかを確認できる展開にした。かけ算の式表現は，同数累加の式をかけ算の式に変換する。つまり，同数累加の数が多いときの方が，かけ算の式に表すよさを感じられる。したがって，「3+3+3+3+3」の式を面倒くさいと感じさせ，かけ算の式に表すよさを感じさせたい。

2年 たし算とひき算
12 隠す
どんな数が入るかな

[教科書では…]

虫に食べられた数字は何でしょうか。

```
   イ 5
 +  1 ア
 ─────
   7 1
```

これを ↓ アレンジ！

---

0 ～ 6 のカードをすべて使って，
虫食い算を完成させられるかな？

0 1 2 3 4 5 6

```
    ア イ
  + ウ エ
  ──────
   オ カ キ
```

[アレンジポイント]

　虫食いの箇所をすべてにすることで，多様性からきまりを見つける。そして，子どもの柔軟な発想を引き出す。

1. 授業の様子

すべて虫食いになっているので，漠然と考えていては ア ～ キ にどんな数が隠れているかわからない。そこで， ア ～ キ のどこだったら，隠れている数がわかりそうかを考え，それをきっかけにして虫食い算を完成させる。

① わかる箇所を発見して，答えの百の位を明らかにする

T： 0 1 2 3 4 5 6 のカードを使って，虫食い算をします。
C：うわぁ，全部虫に食われているからわからないよ。
T：本当に全部わからないかな？
C：先生， オ だったら，当てはまる数がわかったよ！
　（ カ ＝ 0 から見つける場合もある）
C： オ には 1 が入りそう！
T：どうしてわかるの？
C： ア と ウ をたして答えが3桁になるから オ が出てくる。
　つまり，繰り上がっているから 1 が入る。
T： オ に 2 ～ 6 は入らないの？
C：2桁同士のたし算をしても，百の位が2（200）～6（600）になることはないから， オ には 1 しか入らない。
C： ア ＋ ウ は十いくつにしかならないから，1しか繰り上がらない。
C：そうか。これで，答えの百の位は決まり！

```
    ア  イ
+   ウ  エ
―――――――
  オ  カ  キ
```

Point
2桁＋2桁＝3桁から，百の位に繰り上がることに気付かせる

Point
オ が1に決まることを明確にさせる

板書（過程）

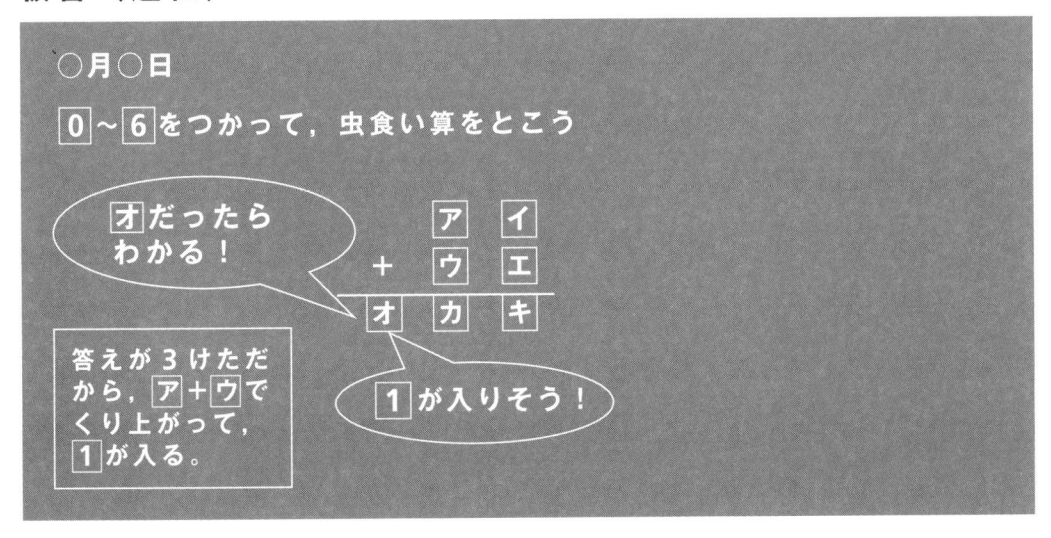

○月○日

0 ～ 6 をつかって，虫食い算をとこう

オ だったらわかる！

```
    ア  イ
+   ウ  エ
―――――――
  オ  カ  キ
```

1 が入りそう！

答えが3けただから， ア ＋ ウ でくり上がって， 1 が入る。

②虫食い算を自分で解く

T：では，十の位と一の位にはどのカードが入るか，考えよう。
　（自力解決）※ワークシートと0〜6のカードを配る。
C：解けた！
C：2つもできた！
C：もっと，あるある！
　わかったぞ，簡単に見つけられる方法が！

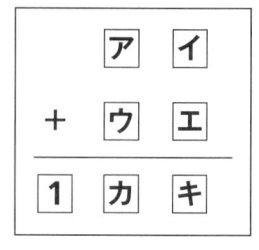

```
　ア　イ
＋　ウ　エ
─────
１　カ　キ
```

Point
悩んでいる子にはア＋ウが繰り上がることから，アとウにどんなカードを入れたらよいのかを考えさせる

③十の位と一の位を明らかにする

T：どんな筆算を考えたの？
C：ア＝4でイ＝2，ウ＝6でエ＝3だから，カ＝0でキ＝5の 42 ＋ 63 ＝ 105
T：どうやって見つけたの？
C：ア＋ウで繰り上がるには，たして 10 以上になる組み合わせになるでしょ。とりあえず，ア＝4，ウ＝6を入れてみたら，カ＝0になったから，十の位が完成した。
C：だったら，まだある！
T：「だったら」って，どういうこと？
　隣同士で考えてごらん。
C：ア＋ウ＝ 10 になるには，
　逆にして，ア＝6，ウ＝4でもいい！
T：どうして逆にしてもいいの？
C：たし算はたされる数とたす数を反対にしても，
　答えは変わらないから 62 ＋ 43 ＝ 105
T：虫食い算の答えが1つではなかったんだね。
C：今のを使えば，あと2つある！
T：首を傾げている子がいるから，
　ヒントを言ってくれる？
C：今のは十の位だけど…。
C：一の位でもたし算のきまりが使える！
T：どういうこと？
C：Aの筆算の十の位のたす数とたされる数を逆にしたのが，Bでしょ。だから，今度は十の位はそのままにして，一の位だけ逆にしたのがCになって，43 ＋ 62 ＝ 105

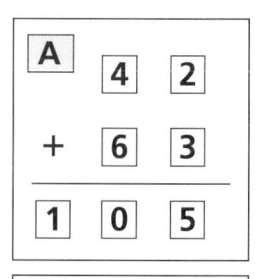

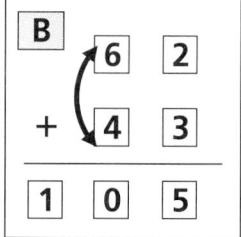

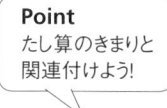

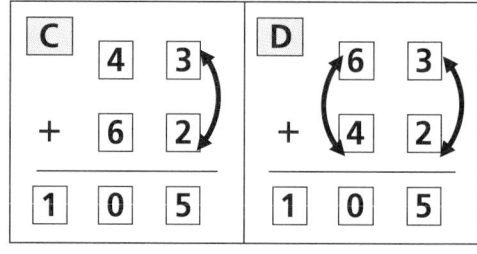

```
A
　4　2
＋ 6　3
─────
１ 0　5
```

```
B
　6　2
＋ 4　3
─────
１ 0　5
```

Point
たし算のきまりと関連付けよう！

```
C
　4　3
＋ 6　2
─────
１ 0　5
```

```
D
　6　3
＋ 4　2
─────
１ 0　5
```

板書（最終）

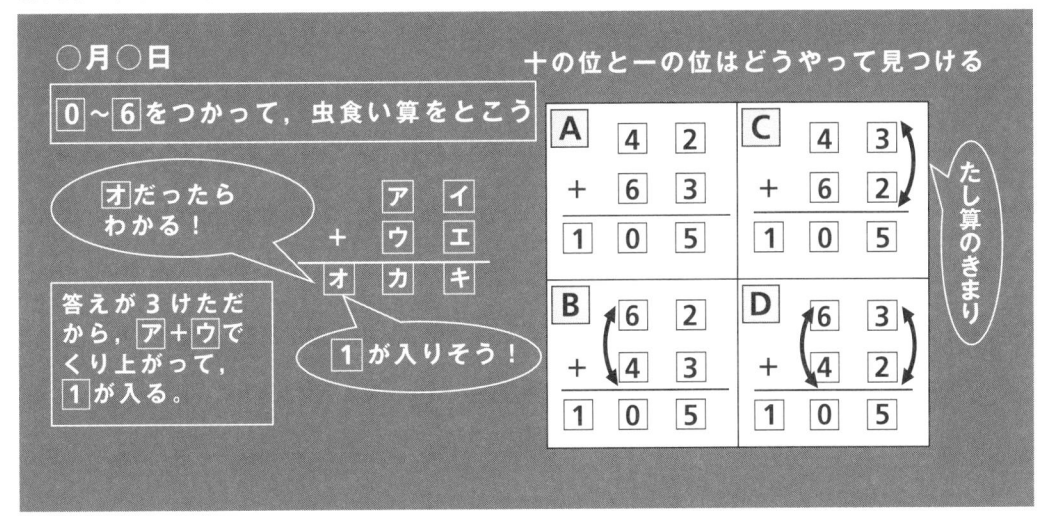

```
○月○日                    十の位と一の位はどうやって見つける

[0]～[6]をつかって，虫食い算をとこう    [A] [4][2]    [C] [4][3]
                                     +[6][3]       +[6][2]
 [オ]だったら          [ア][イ]        [1][0][5]    [1][0][5]
 わかる！            +[ウ][エ]                              た
                    ─────             [B] [6][2]    [D] [6][3]  し
 答えが3けただ       [オ][カ][キ]      +[4][3]       +[4][2]     算
 から，[ア]+[ウ]でくり上がって，      [1][0][5]    [1][0][5]     の
 [1]が入る。         [1]が入りそう！                            き
                                                                ま
                                                                り
```

両方の位の数を逆にしたのが[D]で，63 + 42 = 105

T：では，この虫食い算の答えは4種類で終わりだね？
C：まだ，あるかも…。
　　[ア]+[ウ]で繰り上がるにはたして10以上だから，
　　[ア]＝[5]([6])，[ウ]＝[6]([5]) もできるかもしれない。
C：確かに！
C：でも…。
T：「でも」ってどういうことだろう？
C：[5]+[6]＝11で確かに1繰り上がるけれど，
　　[カ]＝1になってしまうよ。
　　[オ]はもともと[1]で，[1]のカードを2枚使えないから，
　　[ア]＝[5]([6])，[イ]＝[6]([5]) は入らない。だから，4種類。

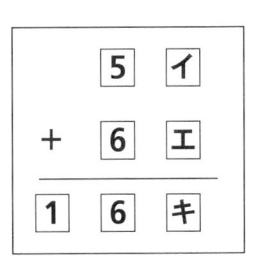

Point
[A]～[D]の黒板に貼る位置を工夫しよう！

```
 [5][イ]
+[6][エ]
─────
[1][6][キ]
```

2. 実践を振り返って

　すべての数を隠し，当てはまる数を限定することで，子どもの多様な考えを引き出すようにアレンジした。その結果，はじめは抵抗感があった子も答えの百の位[オ]に注目することで，「繰り上がり」の仕組みを再確認することができた。また，答えが4種類あることを力業で発見するのではなく，「たし算のきまり」と関連付けて，筋道立てて考えられたのも成果である。
　発展としては，虫食い算をひき算にすれば「繰り下がり」の仕組みに迫れるし，当てはめるカードの数（[0]～[6]）を変えたりして問題づくりをしてもよいだろう。

3年 かけ算

13 考察の対象をつくる

たこ焼きを売ろう

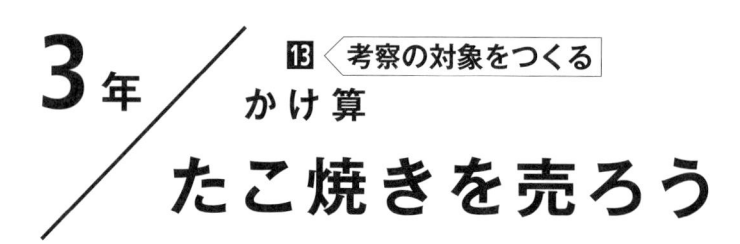

[教科書では…]

12×4の答えの見つけ方を考えましょう。

これを ↓ アレンジ！

1パック12個入りのたこ焼きを売ります。

どんな詰め方があるかな？

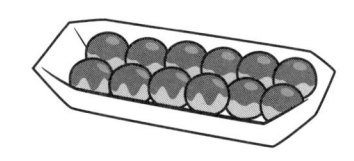

[アレンジポイント]

　12×4＝48という式を，一つの見方だけではなく多様な見方で見ようとする子どもの豊かな感性を引き出す。

1. 授業の様子

① 場面を説明する

T：たこ焼きを売ることになりました。
　　4箱買いたいというお客さんが来ました。
　　全部でいくつのたこ焼きをつくればよいでしょうか？
C：ええっ!?
　　たこ焼き1箱の個数がわからないとできません！
T：わかりました。
　　たこ焼きは1箱で12個入りで売ろうと思っています。
C：そうすると，12個のたこ焼きが4箱だから…。
C：12個＋12個＋12個＋12個で48個だね。
C：かけ算の式でも表せそうだね。
C：でも，どうやって計算すればいいのだろう…。

> **Point**
> たし算，かけ算の式で表せるという子どもの思考を引き出そう!

② たこ焼きを箱にどう詰めるかを考える

T：では，たこ焼きを詰めていくには，どんな詰め方がありますか？
C：うーんと，3個ずつ4列で入れていけばいいんじゃない？
C：4個ずつ3列でもいいね。
C：細長くなるけど，2個ずつ6列でもいい。

板書（課程）

```
○日○日　たこやきを売ろう

たこやきを売ることになりました。
4箱買いたいというお客さんが来ました。
全部でたこやきはいくつ作ればよいでしょうか？

　　　　　たこやき1箱は12こ入り

12こ＋12こ＋12こ＋12こ＝48こ
12こ×4はこ
```

③ 詰め方を図に表してみる

T：なるほど。
では，3個ずつ4列で詰めた場合から考えてみましょう。

C：ちゃんと，48個あるかな？

C：3個×4列で12個
それが4箱あるから，あるはずだよ。

C：縦に見ると，12個が4列並んでるから，
12個×4とも見れるね。

T：やはり4箱買った場合は，
12×4と見ることができるのですね。
他の見方をすることはできますか。

C：こう見れば，4個が12段並んでいるとも見える。

C：だったら，動かして横に並べていけばわかりやすいね。

C：くるっと回せば，4個×12列の形にもなる。

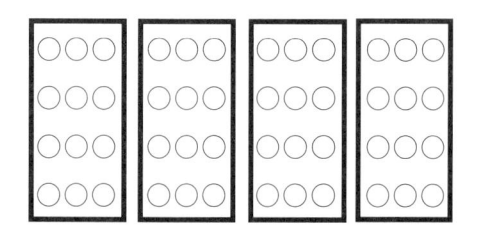

④ 他の詰め方のときを考える

T：では，もう一つの詰め方の場合を考えてみよう。

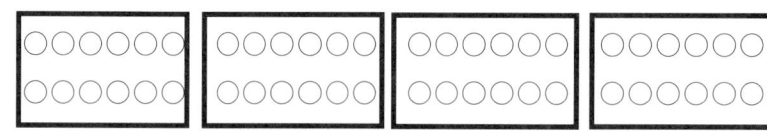

C：これだと，2個が24列並んでいるね。

C：でも，24列を数えるのは大変そうだよ。

C：縦に並べたら，どうかな？

C：あっ，6×8で簡単になったよ！

C：じゃあ，さっきの4×3の詰め方でも，計算しやすいようにできるかな？

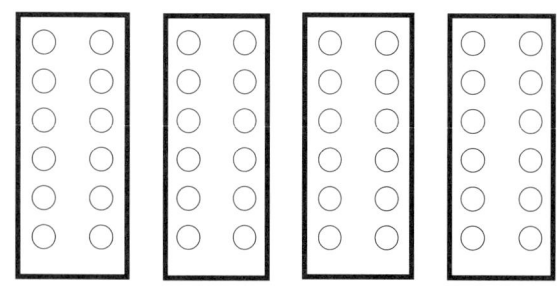

Point
いろいろな表現の仕方を子どもから引き出し，1つの式で表すことができることを確認しよう！

板書（最終）

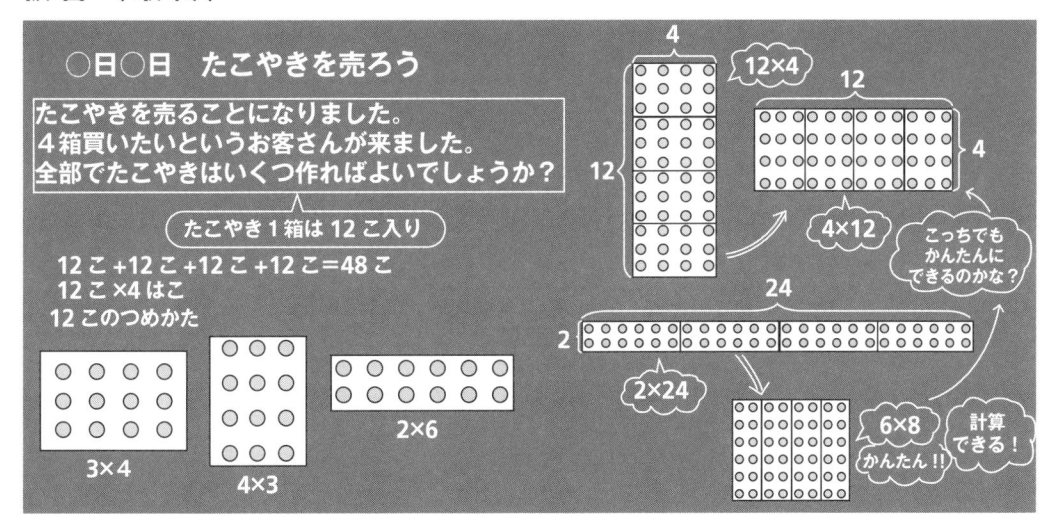

2．実践を振り返って

　12×4の計算の方法を考えるということだけであれば，12を10と2に分けて，計算するという方法を押さえればよい。しかし，数に対しての豊かな感覚を育てることも，ここでは重要ではないかと考えた。

　12×4は見方によっては，3×4×4や，2×24，6×8と見ることができる。そして，その多くの表現の中の一つに，12を10と2に分け，分配法則を活用する計算があるのではないだろうか。

　そのような見方をもたせるためには，まず12をどう表現するかというところから，授業をスタートさせた。12を3×4と見たり，2×6と見る。また，数を縦と横どちらに並べていくかでも見え方が違ってくる。

　ここでは，次のように見る子がいてもよいだろう。

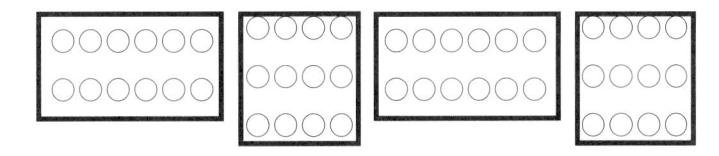

　16×3のような繰り上がりがある計算でも，8×2×3と見れば，8×6で九九の計算で処理できるというような見方ができるような子になってほしい。今回の授業では行わなかったが，子どもたちに3×4と2×6の紙を4枚ずつ配って作業をさせる時間をとれば，上に紹介したような発想も出てくるのではないだろうか。

3年 14 視覚化する
3けたのひき算
位取りの図を使って考えよう

[教科書では…]

304 − 128 の計算の仕方を考えましょう。

①百の位から 1 繰り下げる。　　　　　　304
②十の位から 1 繰り下げる。　　　　　− 128
③一の位から順に計算する。

これを　↓　アレンジ！

304 − 128 の計算の仕方を位取りの図で考えましょう。

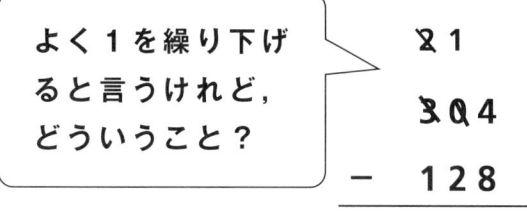

よく 1 を繰り下げると言うけれど，どういうこと？

　　　　　　　9 1
　　　　　　3 0̸ 4̸
　　　　　− 1 2 8

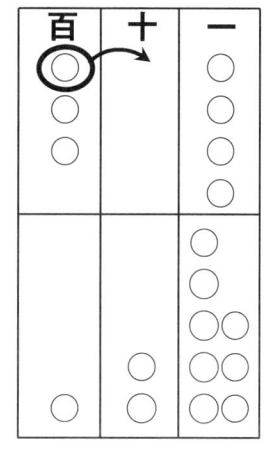

[アレンジポイント]

　筆算形式（左）と位取りの図（右）を関連して考えさせることで，形式的な処理だけでなく，筆算の仕組みを確実に理解したり，十進位取り記数法のよさに気付かせたりする。特に，繰り下がりの 1 の意味を問いたい。

1. 授業の様子

　前時までは，十の位から一の位に繰り下げられたので一の位の計算ができたが，本時はできない。その気持ちを導入で共有し，なんとか工夫して今までのように一の位の計算をしたいという意欲を引き出し，問題解決に進む。

① 十の位から繰り下げられないという問題を明確にする

T：3□4－128（板書する）の□がどんな数字だったらできますか？
C：1～9です。
T：どうして？
C：十の位から繰り下げればよいから。
T：0は入らないの？
C：入らない。だって，十の位から繰り下げられないから。
C：入る！　だって，304－128という計算はあるから。
T：そうだね（□に0を書く）。
C：でも，難しいなあ（顔をしかめる子が多い）。
T：どこが難しいの？
C：十の位が0だと，一の位に繰り下げて変身できない。
T：どうして？

Point
十の位の0に注目させて，既習の筆算との違いを明らかにする

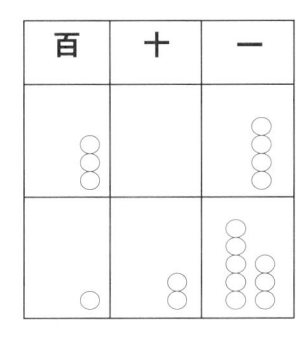

Point
位取りの図をかくことで，百の位のかたまりが見えてくる

板書（過程）

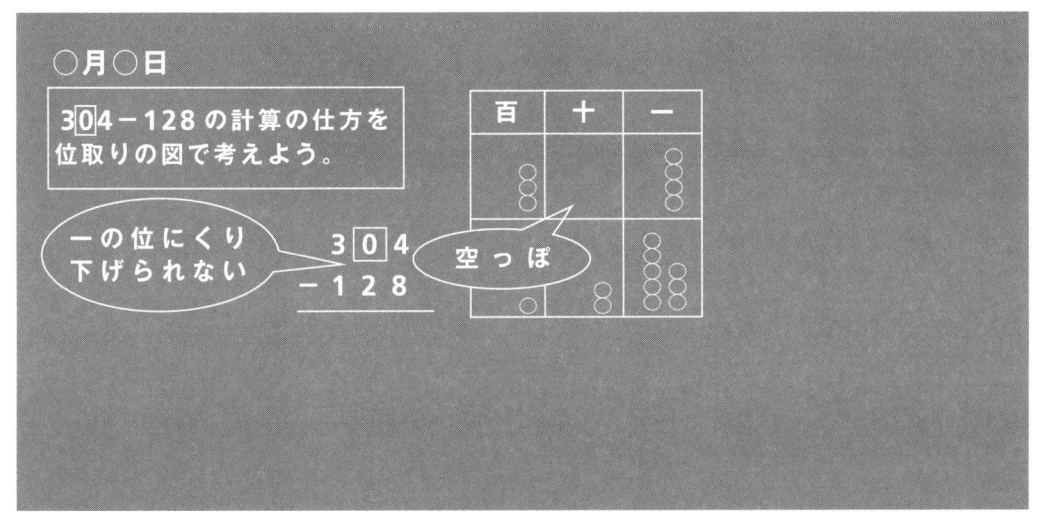

○月○日

304－128の計算の仕方を位取りの図で考えよう。

一の位にくり下げられない

304
－128

空っぽ

C：十の位から十のかたまりをもらえないから。
T：どういうこと？
C：位取りの図をかくと，十の位は空っぽだ。
T：十の位には何もかたまりがないね。
C：うーん。どうしたら，筆算ができるのだろう？
C：あっ！　百の位にかたまりがある。できる，できる！

②位取りの図を基に考える

T：では，十の位から繰り下げられないときはどうしよう？
　（自力解決）
C：解けた！
C：変身の変身だ！
C：ヒントは百のかたまりだ！

③繰り下がりの1の意味を問う

T：どんな工夫をしたの？
C：まず，百の位から1繰り下げる。
T：1繰り下げるとはどういう意味なの？
C：位取りの図で説明すると，
　百のかたまり1個を十のかたまりに変身させる。
C：百のかたまり1個と十のかたまり10個は同じだね。
C：十の位からすると，十のかたまりが10個分になって，空っぽではなくなった。
T：そうだね。
　でも，どうして，そんなことを思いついたの？
C：このままだと，一の位に繰り下げられないので，十のかたまりをつくりたかったから。
C：今まで，十のかたまりを変身させて，
　一のかたまりをつくっていたから。
C：だって，十のかたまりがあれば，
　一の位の計算ができる。
T：では，一の位の計算をしてくれる子は？
C：一の位は 4 + 10 = 14　　14 − 8 = 6
　十の位は 9 − 2 = 7
　百の位は 2 − 1 = 1
　合わせて，176 です。

> **Point**
> 今までどうやって，十のかたまりをつくってきたかを思い出させる

> **Point**
> 位取りの図と数字で繰り下がりの操作をイメージ化させる

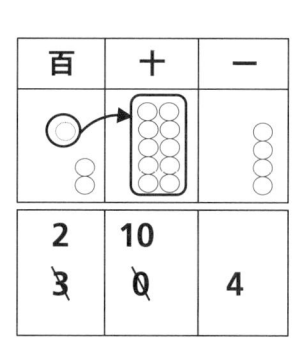

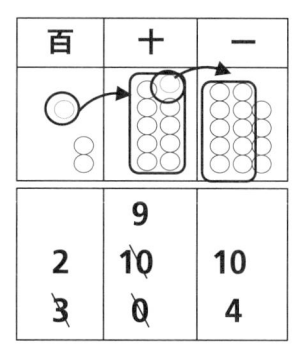

百	十	一
2	10	
3̶	0̶	4

百	十	一
	9	
2	10	10
3̶	0̶	4

板書（最終）

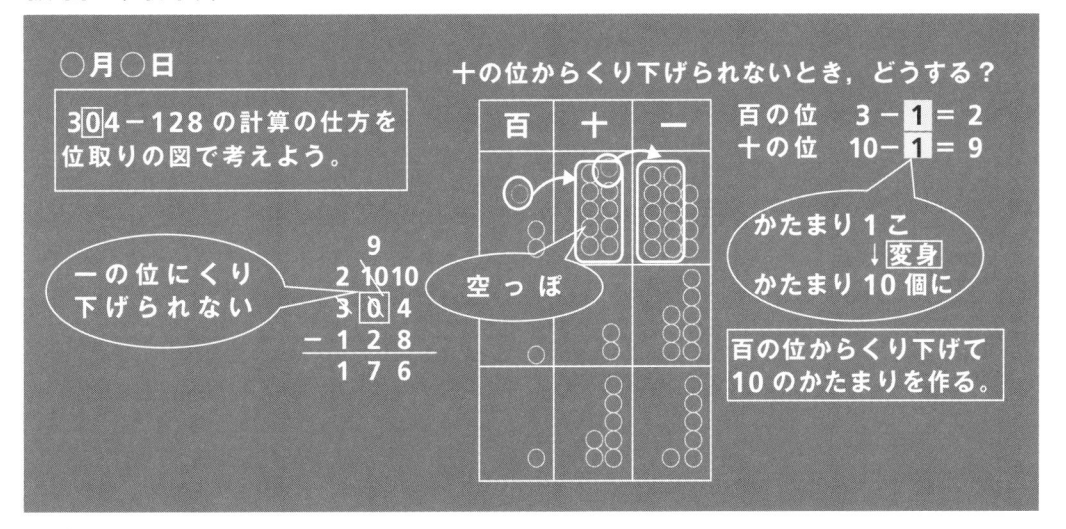

```
○月○日                    十の位からくり下げられないとき，どうする？
┌─────────────────┐      ┌──┬──┬──┐
│304−128の計算の仕方を│      │百│十│一│     百の位  3−[1]＝2
│位取りの図で考えよう。│      ├──┼──┼──┤     十の位  10−[1]＝9
└─────────────────┘      │  │  │  │
                                         ┌─────────┐
      ┌──────┐        9               │かたまり1こ│
      │一の位にくり│   2 10 10    ┌────┐ │   ↓変身   │
      │下げられない│    3 [0] 4   │空っぽ│ │かたまり10個に│
      └──────┘  − 1  2 8    └────┘ └─────────┘
                       1 7 6
                                         ┌──────────┐
                                         │百の位からくり下げて│
                                         │10のかたまりを作る。│
                                         └──────────┘
```

T：今日は何を学んだの？
C：十の位が0で繰り下げられないときは，
　　まず百の位から十の位へ繰り下げる。
C：100のかたまりを変身させて，
　　新しく10のかたまりをつくればいい。

Point
繰り下がりの操作と意味を一致させる

2. 実践を振り返って

　繰り下がりと空位のあるひき算の場合には，その仕組みを正しく理解させるために位取りの図をかかせ，繰り下がりの1の意味を問うことが重要である。なぜなら，十の位が空位である筆算では，繰り下げた数の1の意味やそれをどのように処理するのか理解に苦しむ子がいるからである。

　そこで，位取りの図と関連付けて，計算の仕方を視覚化させることで，「繰り下がる」という行為がどんな仕組みで行われているのかを確実に理解できるようにする。つまり，「繰り下がる」とは「ある位同士でひき算ができない場合に，1つ上の位から1（図の○1個）を借りて，10（図の○10個）に変身させて，その位に入れること」である。この操作はどこの位から繰り下げてもいつも同じであり，これが繰り下がりの原理である。だから，この原理さえ理解できれば，桁数が増えてもいつでも計算できるのである。

　このように，繰り下がる1の意味を考え，説明する機会を与えることで，形式的な手続きだけにとどまらず，数の意味をとらえた筆算の指導を行うことができる。

3年 ⑮ 比べる場面にする
たし算とひき算
暗算がしやすいのは，なぜ？

[教科書では…]

48＋36の暗算の仕方を考えよう。

これを ↓ アレンジ！

暗算がしやすそうな計算と，
そうでない計算はどれですか？

① 26＋42
② 26＋97
③ 26＋20
④ 26＋39

[アレンジポイント]

　与えられた暗算をただ行うだけでは，意欲も必要感も湧いてこない。暗算する必然性をもたせるように，4つの式を提示し，比較検討をしながら暗算の仕方を学習するような展開とした。

1. 授業の様子

4つの式を書いた画用紙を順番に提示する。子どもたちに暗算がしやすいか，そうではないかを尋ねていく。

① 暗算がしやすそうな計算はどれか考える

> 暗算がしやすそうな計算と，そうでない計算はどれですか？
> ① 26＋42　② 26＋97　③ 26＋20　④ 26＋39

T：どの計算が一番暗算しやすいかな。
C：筆算しなくても，ぱっと見てすぐに答えが求められる計算がある！
C：わかるわかる！　なぜだか，理由も言えます。
T：よし，では，聞いてみよう。何番ですか。
C：③番です。
T：ほう，③番ですね。どうしてかな？
C：だってね，26を20と6に分けると，20が2個で40。それに6をたすと，46と答えが求められるよ。
T：たす数が20のような切りのいい数のときは，計算がしやすそうだね。
C：先生，もう一つ，すぐに答えが出た計算があります！
C：①番です。きりがいい数ではないけど，③番のときと同じように数を分けて考えたら，繰り上がりもなくて計算が楽でした。
T：なるほどね。

Point
子どもたちが筆算を想像して，それぞれの位同士を計算する方法をとることが予想される。それを認めつつ，暗算がしやすい理由を全体で共有していく

板書（過程）

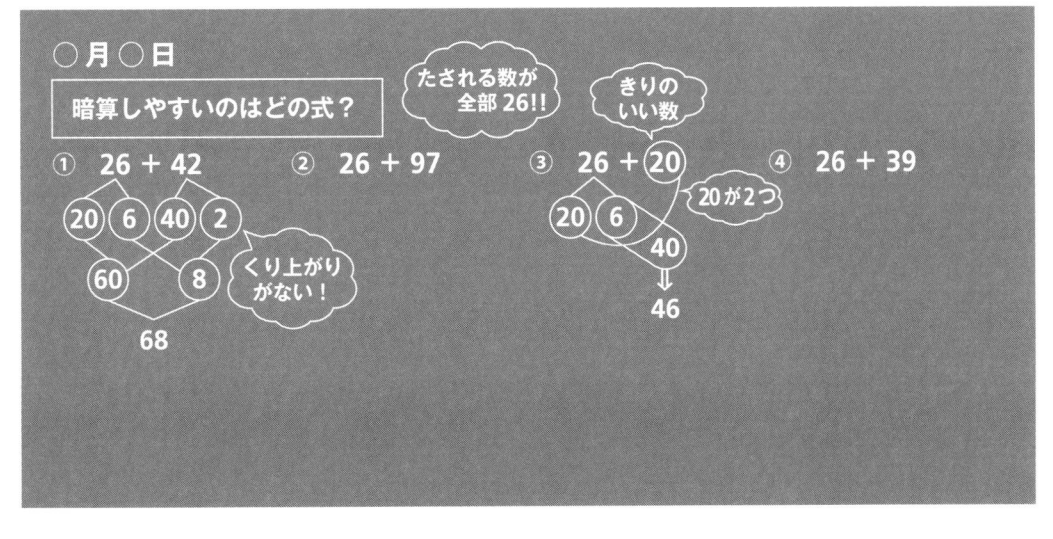

○月○日

暗算しやすいのはどの式？

たされる数が全部26！！
きりのいい数

① 26＋42　　② 26＋97　　③ 26＋⑳　　④ 26＋39

20　6　40　2
　　　　　　　　　　　　　　20が2つ
60　　8　　　　　　　　　　　20　6
　　くり上がりがない！　　　　　　40
68　　　　　　　　　　　　　　↓
　　　　　　　　　　　　　　　46

②暗算がしにくいのはなぜか考え，暗算しやすい計算に変える

T：では，残りの2つの計算は，暗算がしにくいのかな？

C：はい。どの式も，たされる数は26で一緒なんだけど，
　　④の計算は繰り上がりがあるから，ぱっとは答えが求められませんでした。

C：そうそう。さらに②の計算は，繰り上がりが2回もあるし，
　　もう頭の中がこんがらがって暗算できませんでした。

T：そっかあ。
　　でも，これらの式でも簡単に暗算できるようになる方法がありそうだよ。
　　さっきの①と③で出てきた方法は使えないかな。まずは，④から考えよう。

C：26＋39…。使える！　先生，2年生のときにやった「さくらんぼ」使って，
　　26を20と6，39を30と9に分けると計算しやすくなったよ。

C：分けて分けて計算する方法だ！
　　きりのいい数が出てきたから，暗算しやすいね。

C：でも，6＋9＝15で繰り上がりがあるから，気を付けないといけないね。

C：先生，こんな方法も見つけたよ。

T：どんな方法かな？

C：さっきね，③の計算のとき，きりのいい数だと暗算がしやすかったでしょ。
　　だからきりのいい数にしてみたよ。例えば，39はあと1をたすと40でしょ。

T：39を40と見たんだね。

C：そう。40は，きりのいい数でしょ。
　　そしたらね，26＋40＝66と計算しました。

C：あれ，答えが違う！　そうだ！　式に勝手に1たしたから，
　　1ひかないといけないんじゃない？　だから，答えは，65だよ。

C：たしてひく方法だね。これ，いいなあ。

C：先生，今のやり方を聞いていたら，もう一つ，方法を思いつきました。

C：いま，39に1たして40と見ていたけど，
　　26も4たせば30でしょ。
　　そしたら，30＋40ってなって，
　　きりのいい数同士のたし算で計算ができるよ。

C：本当だ！　出た答え70から，勝手にたした数1と4合
　　わせて5をひけば答えが出るね。
　　足し引き法のさらに進化した方法だね。

T：いろいろな方法が出てきましたね。
　　これらの方法を使って，みんなが難しいと言っていた②
　　の計算も簡単に暗算できるかな。

C：できるできる！

> **Point**
> たし算において，加数（または被加数）にある数を加えたり，減らしたりしたときには，出た答えからその分の数をひいたり加えたりすることで，もとの計算の答えになる

板書（最終）

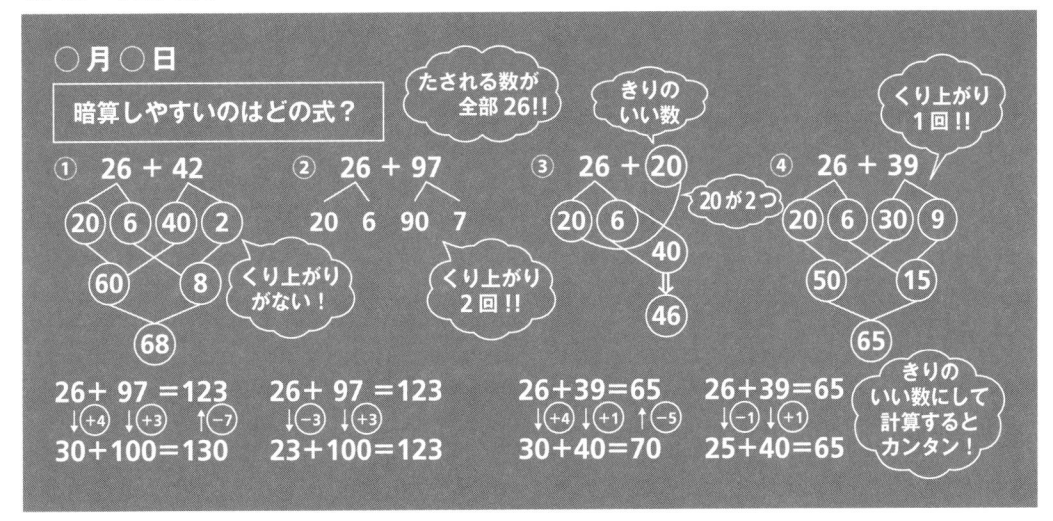

```
○月○日
┌──────────────┐
│暗算しやすいのはどの式？│     （たされる数が    （きりの       （くり上がり
└──────────────┘      全部26!!）    いい数）        1回!!）

① 26 ＋ 42      ② 26 ＋ 97      ③ 26 ＋ ⑳      ④ 26 ＋ 39
  ⑳⑥⑳②         20 6 90 7       ⑳⑥  20が2つ    ⑳⑥㉚⑨
  ㊽  ⑧ （くり上がり            ㊵                ㊿  ⑮
  ㊽    がない！） （くり上がり     ㊻                ㊺
                  2回!!）
                                                 （きりの
26＋97＝123   26＋97＝123   26＋39＝65   26＋39＝65   いい数にして
↓(+4)↓(+3)↑(-7)  ↓(-3)↓(+3)   ↓(+4)↓(+1)↑(-5)  ↓(-1)↓(+1)    計算すると
30＋100＝130  23＋100＝123  30＋40＝70   25＋40＝65   カンタン！）
```

C：分け分け法だと，20と6，90と7に分けて暗算できました。

C：足し引き法だと，26＋100と見て暗算しました。
　　出た答えから，3も忘れずにひいたよ。

C：新足し引き法だと，30＋100＝130。もちろん，最後にそこから，
　　7（4＋3＝7）をひきました。

③自分で問題をつくってみる

T：最初は難しいと言っていた計算も，工夫次第で暗算ができることがわかりましたね。
　　では，最後にみんなで暗算の問題をつくってみましょう。
　　今日みんなで考え出した方法が使えるといいですね。

> **Point**
> 本時の学習を振り返りながら，自分で問題をつくり，子ども同士で解決し合う時間を確保し，さらなる習熟を図る

2．実践を振り返って

　暗算がしやすい計算とそうではない計算を提示し比較検討していくことで，暗算しやすい（または，しにくい）理由がはっきりと見えてきた。暗算しやすい理由を明確にし，暗算しにくい計算をいかに暗算しやすい計算に変形していくかを全体で考えていった。

　はじめは，筆算を想像して暗算している子が多かったが，与えられた数を変形させていくことで暗算がしやすくなることに気付いていった。

　本時を通して，暗算のしやすさを学習するとともに，たし算のきまりを再確認し，また，数を多角的に見るなど，数感覚を養うことにもつなげることができた。

3年 16 隠す
2けた×1けたのかけ算
どうやって考えたかな
－虫食い算－

[教科書では…]

計算をしましょう。

① 12×4　　② 25×3
③ 73×3　　④ 57×6

これを　⬇　アレンジ！

次の 1 ～ 6 のカードをすべて使って，
虫食い算を完成させましょう。

1 2 3 4 5 6

　　ア　イ
×　　　ウ
―――――
　エ　オ　カ

[アレンジポイント]

　2桁×1桁の筆算では計算練習で習熟を図ることも大切である。しかし，それだけでなく，すべての数を隠し，試行錯誤する活動を通して，筆算の仕組みの理解とともに筋道立てた考え方も養う。

16 3年：2けた×1けたのかけ算

1. 授業の様子

すべて虫食いになっているので，漠然と考えていては ア〜カ にどんな数が隠れているかわからない。そこで， ア〜カ のどこだったら，隠れている数がわかりそうかを考え，それをきっかけにして，虫食い算を完成させる。

① 数が入る（入らない）場所を定めて考える

T： 1 2 3 4 5 6 のカードを使って，虫食い算をします。
C：うわぁ，全部虫に食われているからわからないよ。
T：本当に全部わからないかな？
C：先生， イ や ウ に 1 は入らないよ。
T：どういうこと？
C： イ が 2 で ウ が 1 だとしたら， カ も 2 になって， 2 がもう一枚必要になる。
C：かけられる数に1をかけたら，答えはかけられる数と一緒になるということ。
T：かけ算のきまりだね。
数のカードは全部1枚ずつしかないからね。
C：だったら， イ や ウ に 5 も入らないよ。
T：どうしてそう思ったの？
C： イ や ウ に 5 が入ると，5の段のかけ算になるから， カ が…。
T： カ がどうなるのか，隣同士で相談してごらん。

```
  ア イ
×    ウ
─────
  エ オ カ
```

Point
あるカードが入らない根拠を明確にしよう！

板書（過程）

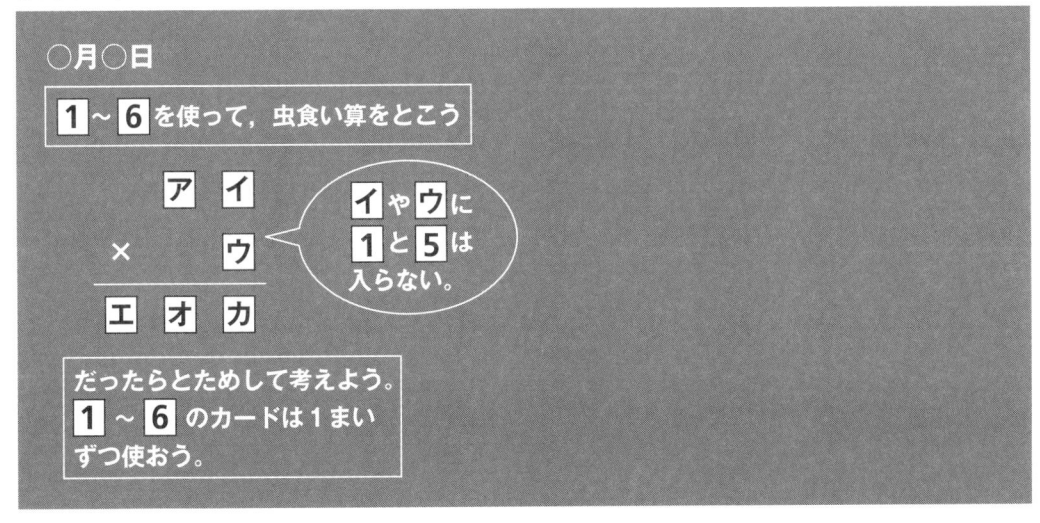

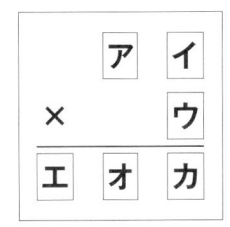

○月○日

1 〜 6 を使って，虫食い算をとこう

```
    ア イ
  ×    ウ
  ───────
    エ オ カ
```

イ や ウ に 1 と 5 は入らない。

だったらとためして考えよう。
1 〜 6 のカードは1まいずつ使おう。

C：5の段の答えの一の位は0か5だから，カは0か5になる。
C：0のカードは元々ないし，5は2枚使うことになるから5も入らない。

② 虫食い算を自分で解く

T：どこ（ア〜カ）にどのカード（1〜6）が入るか考えよう。
　　（自力解決）※ワークシートと1〜6のカードを配る。
C：1は，ここにも入らない！

③ 虫食いの数を明らかにする

T：どんな筆算を考えたの？
C：ア＝5でイ＝4，ウ＝3
　　だから，カ＝2でオ＝6，
　　エ＝1になる。
T：どうやって見つけたの？
C：全部，数を入れていった！
C：さっきの続きで1の入らないところを考えたら，アにも入らない。
T：どうして？
C：だって，ウに一番大きい6を入れて，イに4を入れても，アに1が入っていたら，百の位に繰り上がらないでしょ。
　　（繰り上がりに関係してエを話題にしてもよい）
C：だったら，1はカにも絶対に入らない！
T：どういうこと？
C：イとウには2，3，4，6のカードしか入らないでしょ。イ×ウの答えの一の位を見ると，2×3＝6　2×4＝8　2×6＝12　3×4＝12　3×6＝18　4×6＝24　でカが1になることはない。
T：こうやって，実際に数を入れて試してやっているのがいいですね。そうすると，1が入るのはエかオのどちらかですね。
C：オが1のときは…（自力解決）。

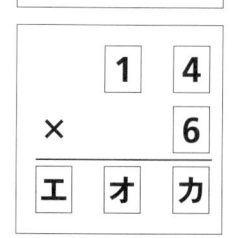

Point 答えを先に聞いて，見つけ方を共有しよう

```
  5 4
×   3
─────
1 6 2
```

```
  1 4
×   6
─────
エ オ カ
```

Point 一の位が2×3，3×4の組み合わせになることを確認してから，自力解決へ！

A
```
  ア 2
×   3
─────
エ 1 6
```

B
```
  ア 3
×   2
─────
エ 1 6
```

C
```
  ア 3
×   4
─────
エ 1 2
```

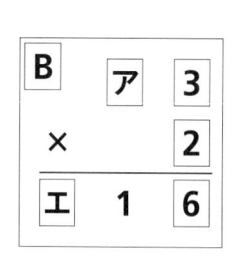

D
```
  ア 4
×   3
─────
エ 1 2
```

板書（最終）

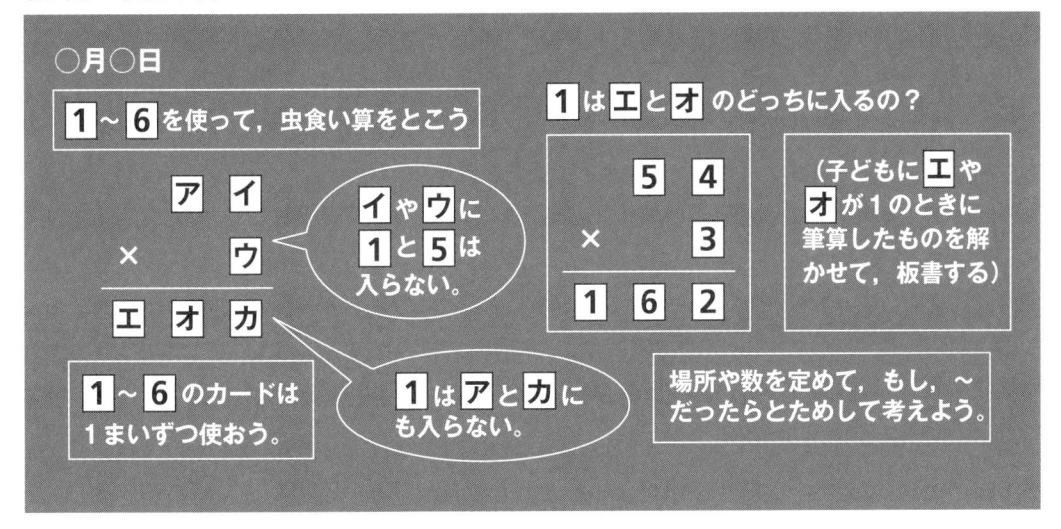

```
○月○日
1～6を使って，虫食い算をとこう

   ア イ
 ×   ウ
 ─────
   エ オ カ

イやウに1と5は入らない。
1～6のカードは1まいずつ使おう。
1はアとカにも入らない。

1はエとオのどっちに入るの？

   5 4
 ×   3
 ─────
   1 6 2

（子どもにエやオが1のときに筆算したものを解かせて，板書する）

場所や数を定めて，もし，～だったらとためして考えよう。
```

C：AやBはアに4や5を入れても，完成できない。
C：CやDもアに5や6を入れても，やっぱり，完成できない。
C：エが1のときは…（自力解決）。

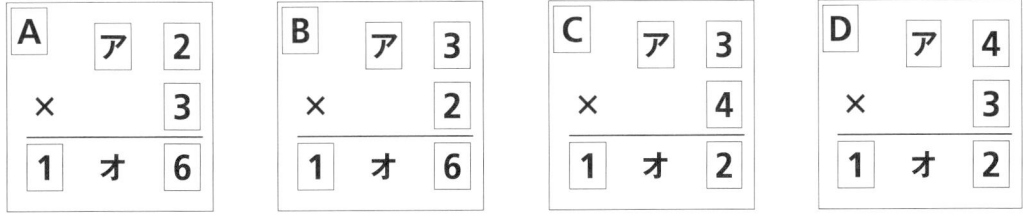

A			B			C			D		
	ア	2		ア	3		ア	3		ア	4
×		3	×		2	×		4	×		3
1	オ	6	1	オ	6	1	オ	2	1	オ	2

C：先生，アが5のときに完成したよ。

　今回は1のカードを話題にして進めたが，5のカードを話題にしてもよい。

2．実践を振り返って

　本時は2桁×1桁，3桁×1桁の筆算が一通り終わった後に，発展問題として扱った。筆算の学習では計算練習を繰り返し行い，形式的に正しく速く答えを求めることも重要だが，それを教材にして判断力や思考力を鍛えることもできる。

　すべての数を隠すと，どこにどの数が入るのか試行錯誤する。そのときに，やみくもに数を当てはめたり，力業でなんとか解いたりするも悪くないが，自分で場所（ア～カ）や数（1～6）を定めて，考察する判断力を養いたい。それから，あるカードがどこに入るか一意に決まらない場合は「イには～が入る」ではなく，「イには～が入らない」とか，「もし，イが～だったら…」と仮定して，筋道立てて考えることも大切である。その中で筆算や繰り上がりの仕組みも見直したい。

3年 三角形

17 考察の対象をつくる

どんな形ができるかな？

[教科書では…]

円の半径を使って三角形をかきましょう。
かいた三角形はなんという三角形ですか。
わけも説明しましょう。

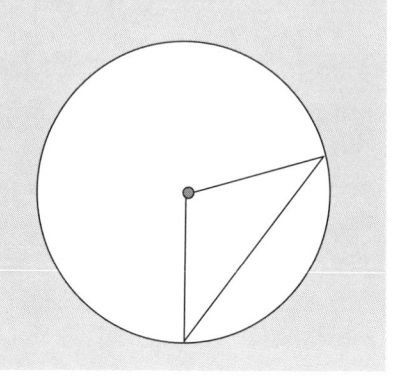

これを → アレンジ！

2人1組をつくって，円周上に2人で同時に点を打ってもらいます。
その2点と中心を直線で結びます。
どんな形ができるでしょうか。

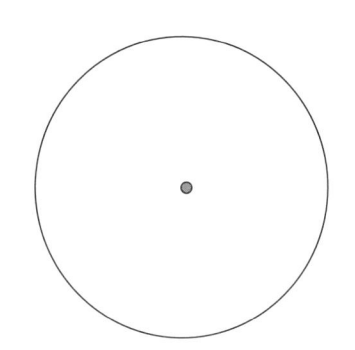

[アレンジポイント]

　友達と一緒に三角形をつくる。その三角形は，2人がどこに点を打つかで決まる。自分でコントロールできない形ができ，それが考察の対象になるところがおもしろい。ほとんどの子どもが，いつも二等辺三角形ができると想像する。しかし，その他にもいろいろな三角形ができるところがなおおもしろいのである。

17 3年：三角形

1. 授業の様子

どんな三角形ができたかを考え，そのわけを説明する。

① 考察の対象をつくる

T：さて，この円を見てください。今から前に出てきてもらって，同時に円周上に点を打ってもらいます。その点と円の中心とを直線で結びます。
さて，どんな形ができるかな。点を打ちたい人？
C：はい，やりたいです！
T：では，どうぞ（2人指名する）。
マジックを持ってください。
「せーの」と言ったら円周上のどこでも好きなところに点を打ってくださいね。せーの！
C：（円周上に点を打つ）
T：では，直線で結びますね（右図）。

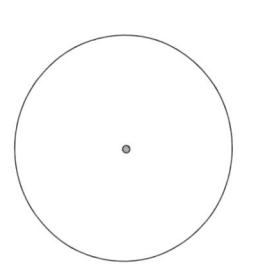

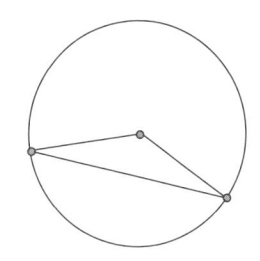

② つくった形について考える

T：では，この形はなんという形でしょうか。
C：はい，これは二等辺三角形です。
T：みんなそう思いますか。
では，どうして二等辺三角形と言えるのかな？
C：だって，2つの辺は，円の半径だからです。

板書（過程）

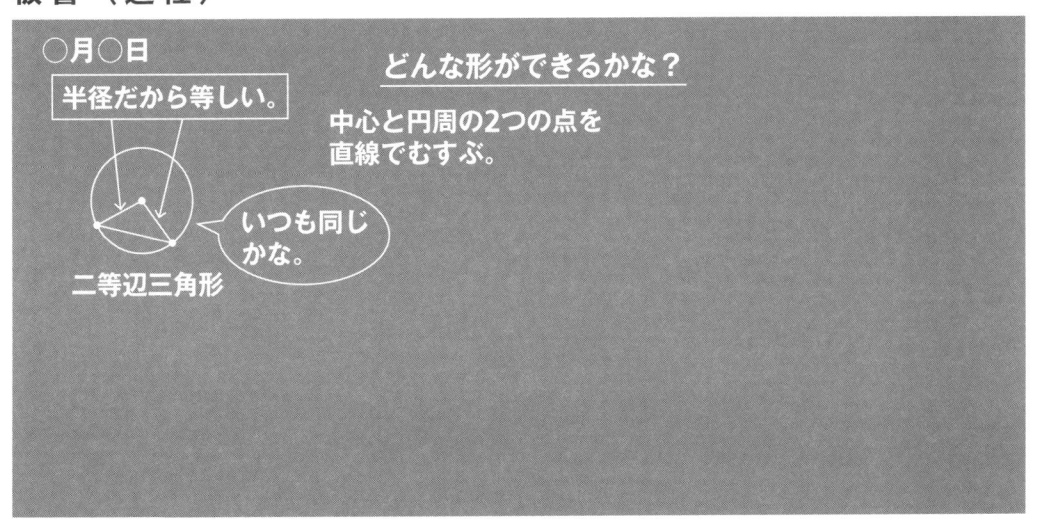

○月○日　　　　　　　どんな形ができるかな？

半径だから等しい。　　中心と円周の2つの点を
　　　　　　　　　　　直線でむすぶ。

いつも同じかな。

二等辺三角形

C：半径は，どこも長さが等しいから，
　　この2つの辺は同じ長さと言えます。
T：なるほど。わざわざ辺の長さを測らなくても
　　円の性質を使えば2つの辺が等しいとわかりますね。
　　では，もう一度やってみましょう（2人指名する）。
　　さあ，いきますよ。せーの！
T：これはなんと言う形なのかな。
C：これも二等辺三角形だよ。
C：先生，いつも同じです。
T：いつも同じってどういうことですか。
C：何度やっても同じ二等辺三角形になるってことです。
C：だって，2つの辺が半径になるので，二等辺三角形になります。

③ 二等辺三角形しかできないかどうかを検討する

C：先生，二等辺三角形だけではないと思います。
C：そうです。点の位置によっては他の三角形もできると思います。
T：二等辺三角形しかできないのか，他の三角形もできるのか，考えてみよう。
　　ワークシートを配ります。2人でどこに点を打ったらどんな形ができるか一緒
　　に考えてみよう。
　　（しばらく考える時間をとる）
T：では，どう考えましたか。教えてください。
C：はい，正三角形ができると思います。
　　この辺の長さを半径と同じにすれば
　　正三角形になります。
C：なるほどそうか。
C：まだあります。
　　私たちは直角三角形ができると思いました。
　　2本の半径で直角をつくるようにすれば，
　　直角三角形になります。
C：これは，直角三角形でもあり，二等辺三角形でもあるね。
T：実は，この形を直角二等辺三角形と言います。
　　直角をもつ二等辺三角形ですからね。
C：まだできます！　三角形とかの形ではありませんが…。
C：せーの，と同時に点を打ってもできないと思います。
C：わかった！　直線だ。
C：そうです。直線というか，円の直径になります。

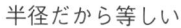

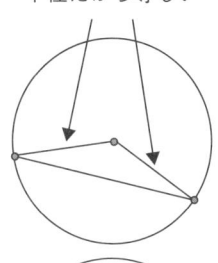

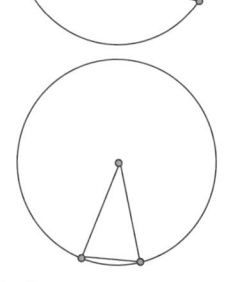

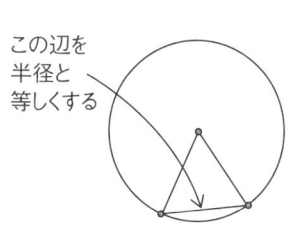

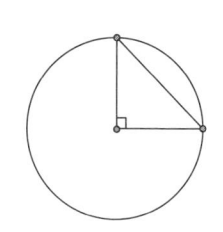

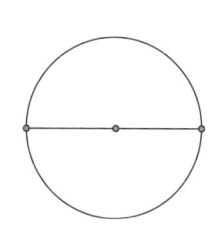

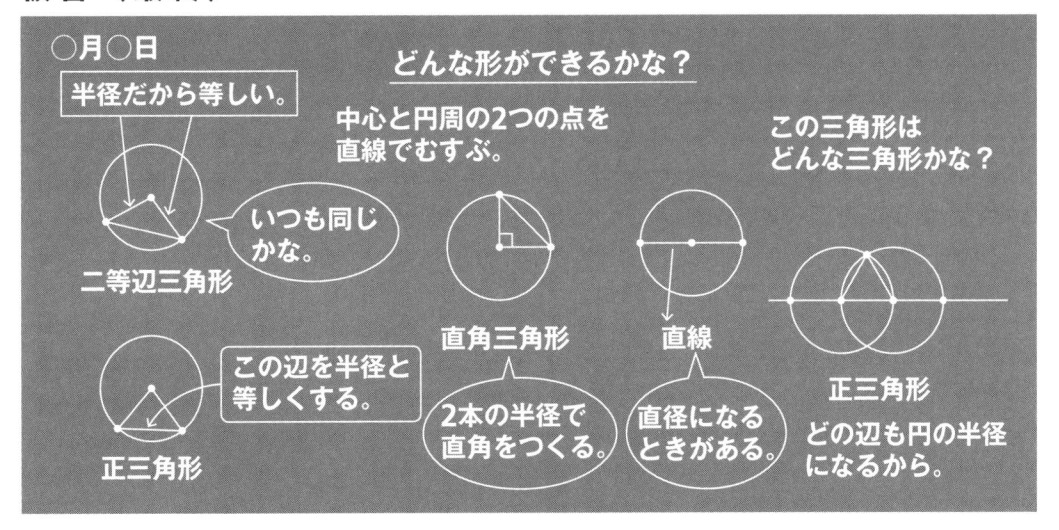

板書（最終）

○月○日　　　どんな形ができるかな？

- 半径だから等しい。
- 中心と円周の2つの点を直線でむすぶ。
- いつも同じかな。
- この三角形はどんな三角形かな？

二等辺三角形

- この辺を半径と等しくする。
- 2本の半径で直角をつくる。
- 直径になるときがある。
- どの辺も円の半径になるから。

正三角形　　直角三角形　　直線　　正三角形

T：1つの円の半径を使っていろいろな三角形ができることがわかりましたね。では，次の図形を見てください（右図）。2つの円の中にできている三角形はどんな三角形でしょう。
（1直線上に同じ大きさの2つの円が並ぶ）

C：正三角形だと思います。

T：どうして正三角形と言えますか。理由を説明しましょう。

C：（三角形の3辺が円の半径になるから，3辺が等しいことを説明する）

2．実践を振り返って

　そもそもこの授業をつくった背景には，上のように2つの円の中にかかれた三角形が正三角形であることを説明できない子どもを見たことによる。

　見た目で正三角形と言うことはできても，理由を述べるときに，わざわざものさしで辺の長さを測ろうとしたり，コンパスを使って辺の長さを比べようとしたりした。円の性質を使って説明することができなかったのである。

　この原因は，2つの円が重なっていることによって，すべての辺が円の半径になっていることを見極めることができなかったためである。一方の円に着目すると，2辺が半径に当たるので二等辺三角形と子どもは言う。しかし，その半径に当たらないと思った辺は，もう1つの円の半径になっている。2つの円は同じ大きさなので半径は等しい。だから，どちらかの半径になっていれば，その辺はすべて等しいのである。この子どもの様子を見て，まずは1つの円の半径で三角形を考察することから始めるべきだと判断し，この授業を思いついたのである。

3年 18 隠す
重さ
わかることから想像しよう

[教科書では…]

重さは，何gですか。

これを ⬇ アレンジ！

目盛りを紙で隠そう！

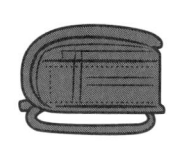

[アレンジポイント]

　はかりの目盛りを隠すことにより，ただ目盛りを読んで終わりではなく，わかっている情報から考えようとし，目盛りを読む上で大切なポイントを押さえることができる。

1. 授業の様子

空っぽのランドセルの重さを考える中で,「はかりに載せればわかる」という意見が出てくるだろう。そこで, ただ目盛りを読んで終わりにするのではなく, 目盛りを隠すことで, わかることから 1 つずつ考えていく。

① 予想する

T：今日は, 空っぽのランドセルの重さを考えてみましょう。
C：どれくらいだろうな。
T：まず, 予想してみましょう。
　　（子どもたちの予想をノートに記入）
T：どうしてそう思ったのですか。
C：（前時の活動より）筆箱の重さが 220g だったので,
　　それと比べて, ランドセルの方が重いと思ったから。

> Point
> まずは,重さをそれぞれ予想させよう!

② 最大値を知る

T：では, どのようにしたらわかりますか。
C：はかりに載せればいいんじゃない。
T：はかりを用意したので, 載せてみましょう。
　　（目盛りを隠したはかりを用意）
C：えーそれじゃあ, わからないよ。
C：紙を外してください。
C：でも待って。先生, このはかりは何kgまで量れますか。

板書（過程）

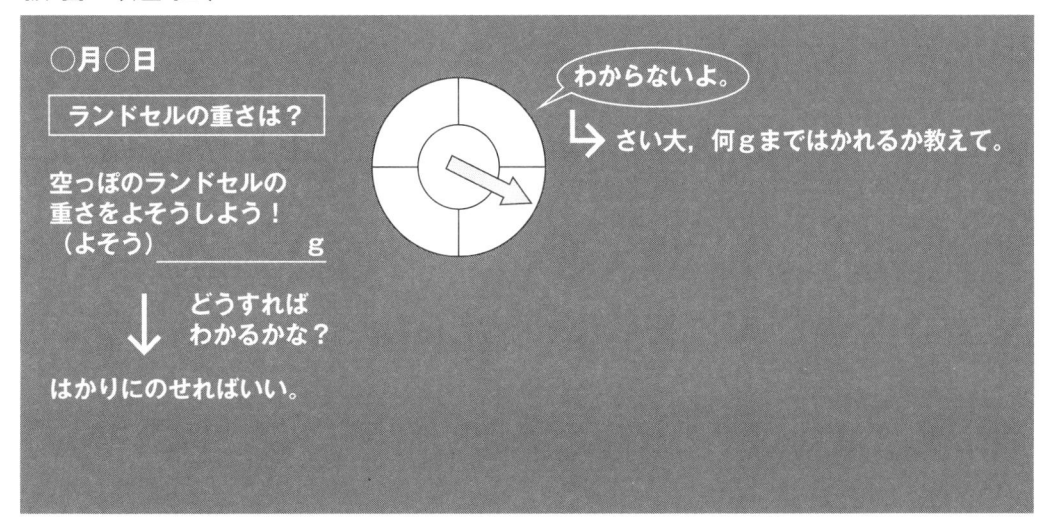

○月○日

ランドセルの重さは？

空っぽのランドセルの
重さをよそうしよう！
（よそう）　　　　　　g

↓ どうすれば
　わかるかな？

はかりにのせればいい。

わからないよ。
↳ さい大, 何gまではかれるか教えて。

T：なぜ，それを知りたいのですか。
C：それがわかれば，およそ何gなのかがわかるよ。
C：どういうこと？
C：だって，目盛りを隠した紙が4等分になっているでしょ。
C：そっか。何kgまで量れるかがわかれば，÷4をすればいいんだね。
T：とても，いい気付きをしていますね。
　　まず，はかりに載せるときのポイントとして，この「何kgまで量れるのか」を知ることは大切ですね。
C：そっか。重すぎるものを載せたら，壊れちゃうもんね。

Point
意見が出ないときは，何kgまで量れるかのヒントを出そう！

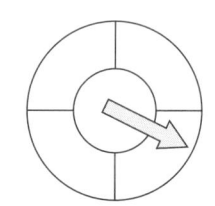

③ 概測する

C：先生，結局何kgまで量れるんですか。
T：実は，4kgまで量れます。
C：じゃあ，「4÷4＝1」だね。
T：その1って何でしょうか。
C：1枚の紙が，1kgまで示しているってことだよ。
C：だから，最初の紙が「0～1kgまで」で，次の紙が「1～2kgまで」，その次が「2～3kgまで」，最後が「3～4kgまで」ということだね。
C：じゃあ，ランドセルの重さは，1～2kgまでの間だね。
C：いやでもさ，1～2kgの間でも，その半分まで針は進んでないのだから，1500gよりも小さいよ。
C：約1200gくらいかな。
T：おおよその見当がついてきましたね。この「おおよそ何gなのか」ということを知ることも，はかりを読む上で大切なポイントですよ。

Point
式の意味を確認しよう！

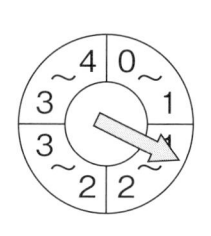

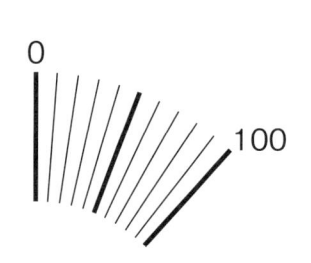

④ 最小値を知り，正確な値を読む

T：では，紙を外してみましょう。
C：本当だ。確かに，1200gくらいだ。
C：正確には何gなんだろう？
T：どうすれば，正確な値がわかりますか。
C：1目盛りが，どれくらいかわかればいいよ。
C：100gまでに10本の目盛りがあるから，1本分は10gだね。
C：じゃあ，最終的には空っぽのランドセルの重さは，1230gだね。
C：予想と全然違った。

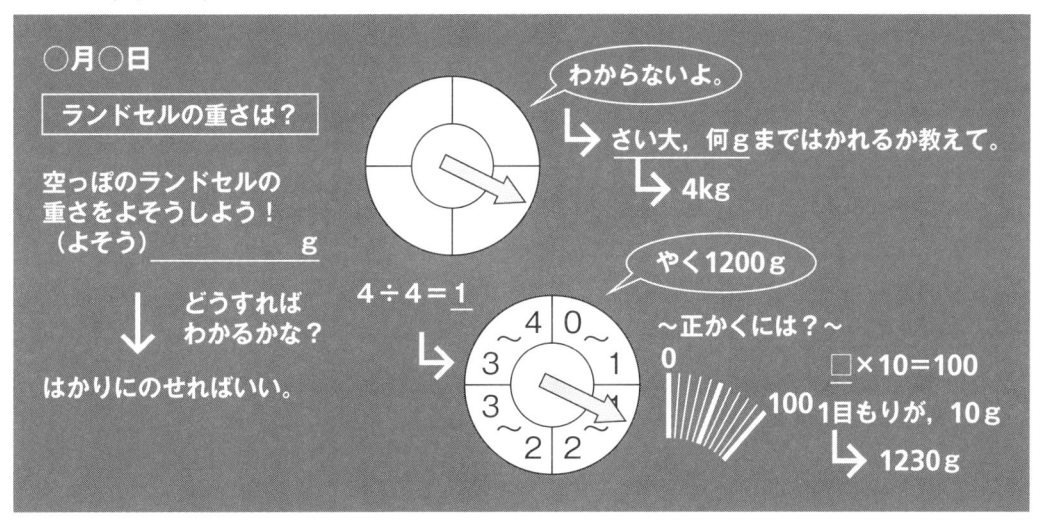

板書（最終）

```
○月○日
┌──────────┐
│ランドセルの重さは？│
└──────────┘
空っぽのランドセルの
重さをよそうしよう！
（よそう）_____ g
        ↓
    どうすれば
    わかるかな？
はかりにのせればいい。
```

「わからないよ。」
→ さい大，何gまではかれるか教えて。
→ 4kg

4÷4＝1

「やく1200g」
～正かくには？～

□×10＝100
100 1目もりが，10g
→ 1230g

C：今度は，教科書とか入った状態でのランドセルの重さ
　　を知りたいな。

Point
□×10＝100で考えよう!

2. 実践を振り返って

　本実践の前に計器を選択することから，はかりの最大値，最小値については学習済みである。はかりを使って，ものの重さを量るときに，目盛りを読んで終わりになってはいないだろうか。しかし，家庭にある体重計など，デジタルのものが主流になっており，アナログのはかりを目にすることはあまりない。だからこそ，はかりを読む練習ではなく，はかりを使うときのポイントをきちんと押さえながら授業を行うことが大切である。そのポイントは，次の通りだと考える。

①最大値を知る	②概測する	③最小値を知る

　特に，最大値を知り，「このはかりに載せても大丈夫か」ということを考えるのは，デジタルにもアナログにも共通して言えることである。そして，アナログの場合は，近似値を見ることで，はかりの読み間違いを少なくした上で，最小値から正確な値を読んでいく必要があるだろう。

　そして，このポイントを押さえるために，今回の実践では，はかりの目盛りを隠した。しかし，ただ隠せばいいというわけではない。例えば，今回用いたはかりでは，最大値が4kgであったために，4枚の紙を用いてはかりを隠した。同様に考えれば，最大値が2kgならば，2枚の紙を用いて隠すといいだろう。つまり，子どもたちにとって「1kg」がきちんとわかるようにしてあげることが大切である。

4年 ⑲ 迷う場面にする
わり算の筆算
あまりはいくつかな？

[教科書では…]

140cmの紙テープがあります。
輪かざりをつくるために20cmずつ切ります。何本のテープがとれますか。
（前時に 80 ÷ 20 を 8 ÷ 2 で計算する方法を身に付けている）

```
|――――――――― 140 cm ―――――――――|
| [     ]                                |
  20 cm
```

これを ⬇ アレンジ！

140cmの紙テープがあります。
輪かざりをつくるために□cmずつ切ります。
何本のテープがとれますか。

```
|――――――――― 140 cm ―――――――――|
| [  ]                                   |
   □
```

[アレンジポイント]

　□に当てはめる数値を20から30にする。30の場合，140÷30という式になりあまりが出る。その計算を今までのように 14÷3＝4 あまり 2 としたとき，あまりを2cmとする子どもと20cmとする子どもに分かれる。どちらが正しいのか。わり算のあまりの意味を考える授業になる。

1. 授業の様子

わり算の筆算のあまりについて考える。

① 140 ÷ 20 について考える

T：140cmの紙テープがあります。輪かざりをつくるために□cmずつ切ります。何本のテープがとれますか。
　この問題の式はどうなるかな。まずは，20cm ずつ切ることにします。
　ノートに書いてみよう。

C：140 ÷ 20 です。

T：この式がみんな書けたかな？　では，答えを求めてみましょう。
　（しばらくノートに書く時間をとる）

T：では，発表しましょう。

C：答えは，7 です。140 と 20 の 0 をとって，14 ÷ 2 ＝ 7 と計算しました。

T：同じように計算した人？
　（たくさんの子どもが手を挙げる）

T：どうしてこのように計算したの？

C：だって，前の時間に習ったからです。

C：80 ÷ 20 を 8 ÷ 2 ＝ 4 と計算したからです。

T：そうだね。80 ÷ 20 の計算を 8 ÷ 2 ＝ 4 と計算することができたから，同じように計算したのですね。
　でも，どうして 0 をとって計算してよかったのかな？

C：説明できます。図をかけばわかります。

板書（過程）

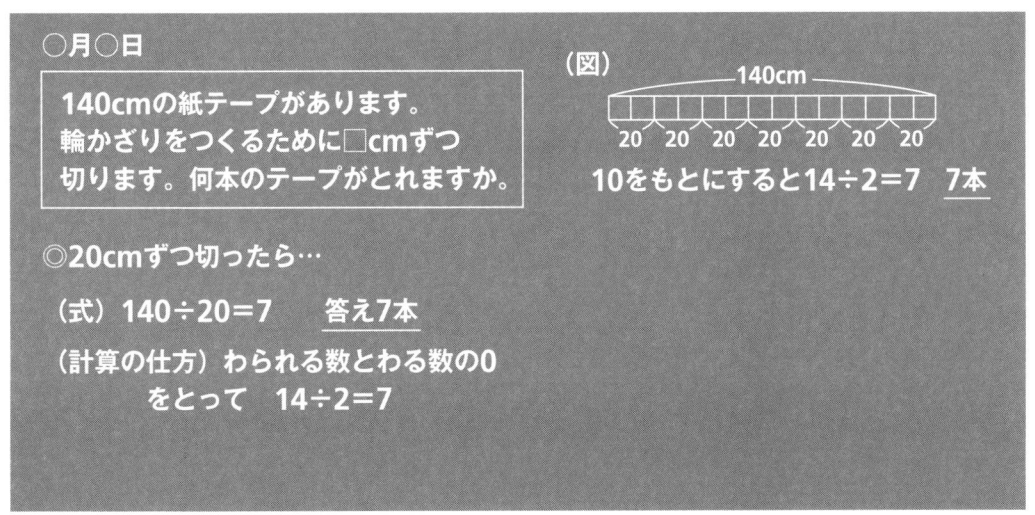

○月○日

140cmの紙テープがあります。輪かざりをつくるために□cmずつ切ります。何本のテープがとれますか。

（図）　140cm
20 20 20 20 20 20 20
10をもとにすると14÷2＝7　**7本**

◎20cmずつ切ったら…

（式）140÷20＝7　　答え7本

（計算の仕方）わられる数とわる数の0
　　　をとって　14÷2＝7

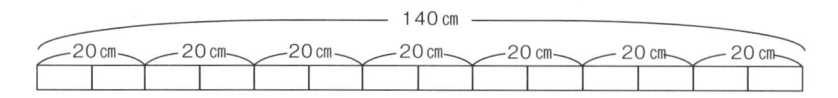

```
                    ———— 140㎝ ————
    ─20㎝─ ─20㎝─ ─20㎝─ ─20㎝─ ─20㎝─ ─20㎝─ ─20㎝─
   ┌──┬──┬──┬──┬──┬──┬──┬──┬──┬──┬──┬──┬──┬──┐
   └──┴──┴──┴──┴──┴──┴──┴──┴──┴──┴──┴──┴──┴──┘
```

T：この図を使って誰か説明できますか。

C：140㎝の紙テープから20㎝の長さが何本とれるかを考えることは，10㎝をもとにすると，14個分の長さから2個分の長さがいくつとれるかを考えることと同じです。（指で図を指し示しながら）だから，14 ÷ 2 ＝ 7 で7本とれると考えることができます。

T：今の説明でわかりましたか。

C：はい。

T：では，隣の人にもう一度お話してみましょう。
　　そのとき，ノートにかいた図を使いながらお話しましょう。

② 140 ÷ 30 について考える

T：□の数を30にします。さて，何本できるでしょうか。

C：先生，あまりが出ると思います。

T：その場合は，あまりが何㎝になるか出してみましょう。
　　では，考えてみよう。（しばらく時間をとる）

T：では，発表しましょう。

C：式は，140 ÷ 30 です。

C：答えは，4本とれて2㎝あまります。

C：えっ，おかしいよ。あまりは2㎝じゃないよ。

C：あまりは20㎝だと思います。

T：あまりは2㎝ですか，20㎝ですか。

C：20㎝です。だって，確かめ算をすると，30 × 4 ＋ 20 ＝ 140 になるからです。
　　もしもあまりが2㎝だったら，30 × 4 ＋ 2 ＝ 122 で，
　　もとの140㎝になりません。

T：では，どうしてあまり2㎝と書いた人が多くいたのかな？

C：わかりました！ 140 ÷ 30 の計算を 14 ÷ 3 ＝ 4 あまり 2 として，
　　そのままその答えを 140 ÷ 30 の答えにしたからだと思います。

C：そうです。そう考えてあまり2㎝としました。

T：14 ÷ 3 ＝ 4 あまり 2 の 2 はどういう意味なのかな？

C：図で考えるとわかると思います。

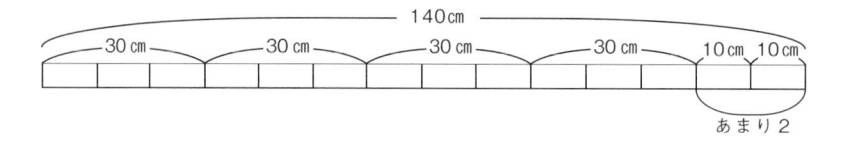

```
                    ———— 140㎝ ————
    ─30㎝─  ─30㎝─  ─30㎝─  ─30㎝─  10㎝ 10㎝
   ┌──┬──┬──┬──┬──┬──┬──┬──┬──┬──┬──┬──┬──┬──┐
   └──┴──┴──┴──┴──┴──┴──┴──┴──┴──┴──┴──┴──┴──┘
                                        └──┬──┘
                                          あまり2
```

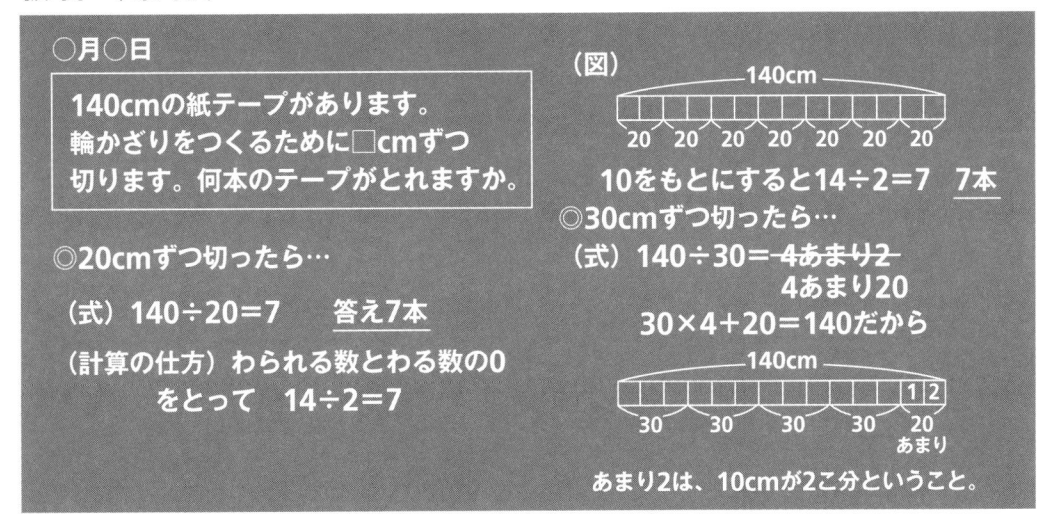

板書（最終）

○月○日

140cmの紙テープがあります。輪かざりをつくるために□cmずつ切ります。何本のテープがとれますか。

◎20cmずつ切ったら…

（式）140÷20＝7　　答え7本

（計算の仕方）わられる数とわる数の0をとって　14÷2＝7

（図）
　　　　　140cm
20 20 20 20 20 20 20

10をもとにすると14÷2＝7　　7本

◎30cmずつ切ったら…

（式）140÷30＝~~4あまり2~~
　　　　　　　　4あまり20

30×4＋20＝140だから

　　　　　140cm
30　30　30　30　30　20
　　　　　　　　　　あまり

あまり2は、10cmが2こ分ということ。

C：あまり2というのは、10cmの紙テープが2個分という意味です。

C：なるほど。14÷3という式は、10cmをもとに考えているので、あまりの2は、10cmが2個という意味なんだね。

C：そうか。あまり2と出たら、10cmが2個分と考えて、あまり20cmとすればよかったんだ。

T：では、最後に練習の計算問題をしてみましょう。
　あまりが出る場合は、商とあまりを書きましょう。
　　　① 130 ÷ 40　　② 150 ÷ 30　　③ 160 ÷ 50

2．実践を振り返って

　150 ÷ 30 を 15 ÷ 3 ＝ 5 として計算する方法は、わり算の性質を使った計算の工夫として積極的に指導する。そのため、140 ÷ 30 の計算を「14 ÷ 3 ＝ 4 あまり 2」としてそのまま答えに書いてしまう誤りは、よく見られる誤りである。

　この誤りをさせないように教師が丁寧に解説をするのではなく、子ども自身が間違いに気付き、その意味を理解し、誤りを乗り越えていく姿を授業でつくりたい。

　そのためには、あえて多くの子どもが間違いを起こしやすい授業構成を設定する。本時であれば 140 ÷ 20 から入り、140 ÷ 30 に数値を発展させる展開である。140 ÷ 30 の計算を 140 ÷ 20 と同じようにすると、前に述べたような間違いが生じやすくなる。その間違いを受け止め、それを乗り越えていく授業をつくること。これが本時のねらいである。

4年 分数

20 オープンエンドにする

道のりを考えよう！

[教科書では…]

次のようなア〜イまでの道のりについて
調べましょう。
（この場合 $\frac{5}{3}$ km と道のりが固定されている）

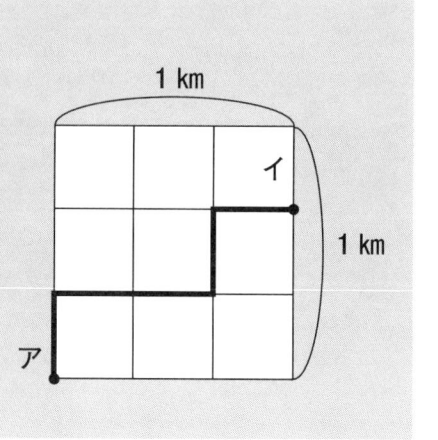

これを ↓ アレンジ！

ア〜イまでの道のりは □ km です。
□ にはどんな数が当てはまりますか。

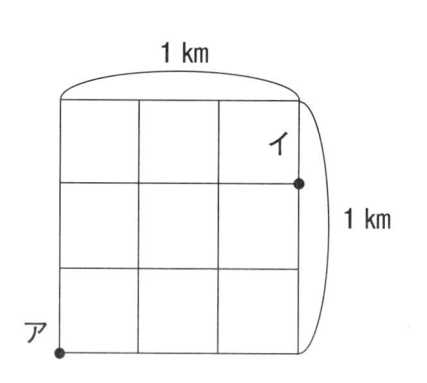

[アレンジポイント]

　ア〜イまでの行き方は多様である。多様な道のりを子どもが考えることができ，多様な仮分数の表現を引き出すことができる。
　最終的には，最長の行き方や最短の行き方を考えるなど，問題解決を楽しむことができる。

1. 授業の様子

仮分数の表現を学ぶ単元の導入授業である。

① 多様な道のりを考える

T：このような図があります（右図）。
　　この線は道と考えてください。
　　ア～イまでの道のりは□kmです。
　　□にはどんな数が入りますか？
C：どんな行き方をしてもいいの？
T：いいですよ。
　　ただし，一度通った道を通ることはできません。
　　戻ることもできませんよ。
C：ということは，□に入る数はいろいろあるってことだよね。
T：□に入る数はいろいろあるって，どういうことかな？
C：ア～イまでの行き方はいろいろあるから，道のりも変わるってことです。
T：なるほど。みんなわかりましたか。それでは，ワークシートを配ります。
　　まずは線をなぞって，いろいろな行き方を考えてみましょう。
　　そして，その道のりが何kmか表してみましょう。
C：先生，質問です。この小さな正方形の辺の長さはいくつですか？
T：この長さはどうやって表せばいいのかな？
C：1000 ÷ 3 = 333 あまり 1　約 333m ということです。
C：kmで表すには，分数を使えばいいと思います。

板書（過程）

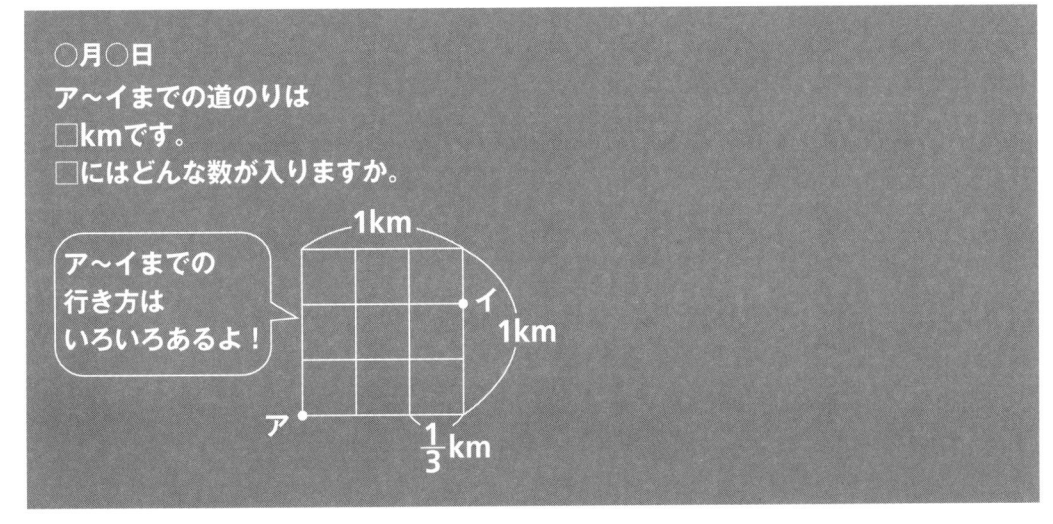

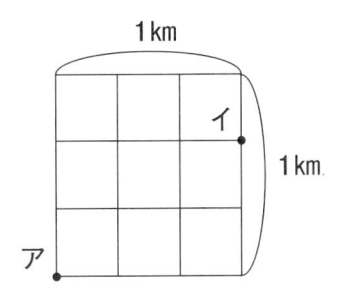

○月○日
ア～イまでの道のりは
□kmです。
□にはどんな数が入りますか。

ア～イまでの
行き方は
いろいろあるよ！

$\frac{1}{3}$km

C：1kmを3つに分けた1つ分だから$\frac{1}{3}$kmと表せばいいと思います。
T：そうですね。この1区画は$\frac{1}{3}$kmと表すことにしましょう。

②表し方を考える（仮分数の表現を教えるまでの過程）
C：先生, どうやって表すかよくわかりません。
T：道のりの表し方で困っている人がいるみたいですね。
　　では, こうしましょう。その道のりを言葉で説明してもいいです。
　　文章にして表してもいいです。
C：わかりました。それなら書けそうです。
　　（しばらく時間をとってから）
T：それでは, 発表してみましょう。

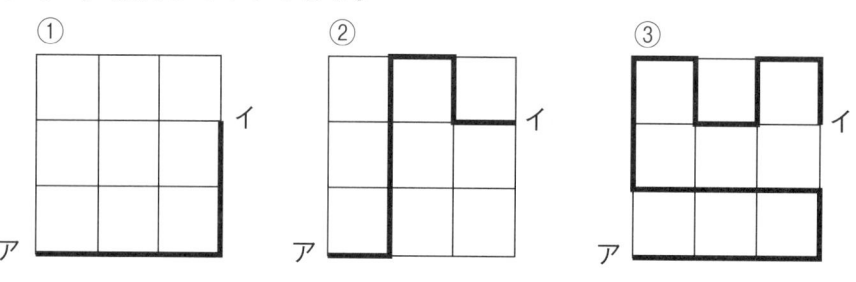

① ② ③

T：いろいろな道のりが発表されました。さて, それぞれ, 何kmでしょうか。
C：①は, $\frac{1}{3}$kmが5個分の長さです。
T：なるほど。うまく説明しましたね。$\frac{1}{3}$kmが5個分の長さですね。
　　同じ表し方で②や③の道のりを説明することはできますか。
C：②は, $\frac{1}{3}$kmが7個分の道のりです。
C：③は, $\frac{1}{3}$kmが15個分の道のりです。
C：まだ他にも表し方があります！
T：どんな表し方ですか？
C：②の場合で説明します。
　　$\frac{1}{3}$kmが3個分で1kmです。
　　だから, 2kmと$\frac{1}{3}$kmになります。
T：なるほど。$\frac{3}{3}$km＝1kmだから,
　　これが2つ分あるから2kmと$\frac{1}{3}$kmですね。
　　この表し方を使うと, ③の道のりはいくつになりますか。
　　みんなで考えてみましょう。
C：$\frac{1}{3}$kmが15個分です。15÷3＝5だから,
　　$\frac{3}{3}$kmがちょうど5個分ということになります。
C：ということは, ちょうど5kmということか。
T：みんなが文章で表してくれた道のりを, 簡単に表す方法を教えます。

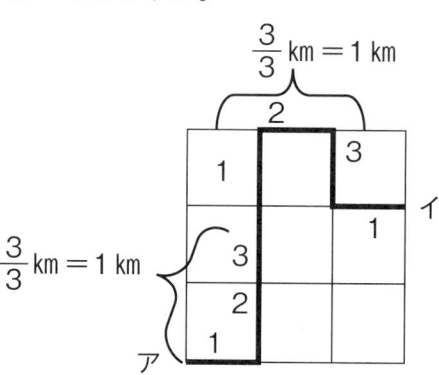

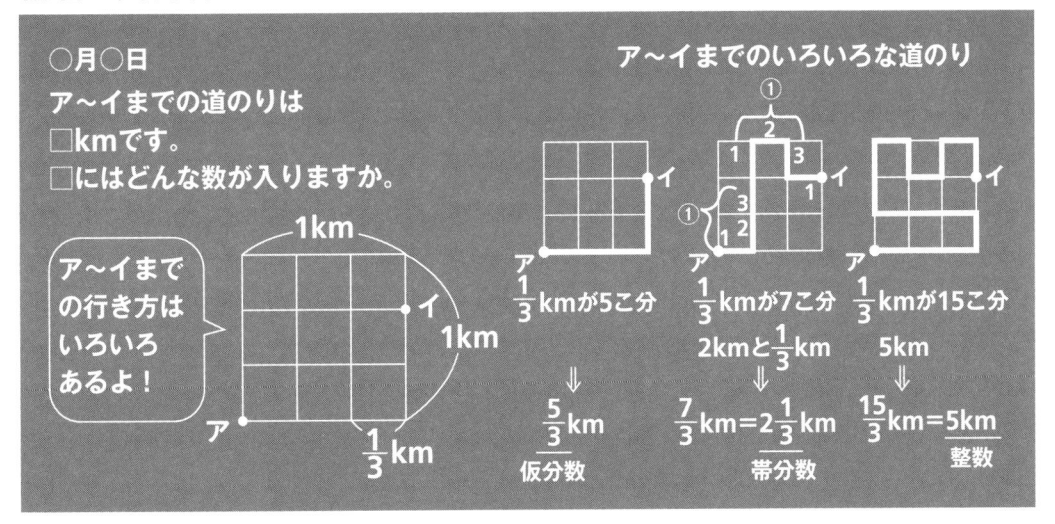

板書（最終）

○月○日
ア〜イまでの道のりは
□kmです。
□にはどんな数が入りますか。

ア〜イまでの行き方はいろいろあるよ！

ア〜イまでのいろいろな道のり

$\frac{1}{3}$kmが5こ分　$\frac{1}{3}$kmが7こ分　$\frac{1}{3}$kmが15こ分

　　　　　　　2kmと$\frac{1}{3}$km　　5km

⇒　　　　　⇒　　　　　⇒

$\frac{5}{3}$km　　$\frac{7}{3}$km=2$\frac{1}{3}$km　　$\frac{15}{3}$km=5km

仮分数　　　帯分数　　　　　整数

$\frac{1}{3}$kmが5個分の道のりは，「$\frac{5}{3}$km」と表して「3分の5km」と読みます。分母を3，分子を5にして書くのです。

このように分子が分母と等しいか，分子が分母より大きい分数を「仮分数」と言います。

ちなみに，分子が分母より小さい分数は「真分数」と言います。

2kmと$\frac{1}{3}$kmも1つの数として表すことができます。

「2$\frac{1}{3}$km」と書き，「2と3分の1km」と読みます。

このような整数と真分数の和で表される分数を「帯分数」と言います。

C：$\frac{1}{3}$kmが7個分の分数は，$\frac{7}{3}$kmとなります。

T：これをみんなも帯分数で書いてみましょう。

C：2$\frac{1}{3}$kmです。（ノートに書く）

C：$\frac{5}{3}$kmは，1$\frac{2}{3}$kmになります。

2．実践を振り返って

　仮分数の表現を教える導入授業である。このような新しい表現や概念を指導する授業では，子どもに教えたい表現を知らなくても，それまで習ったことを使って精一杯表現する経験をさせることが大切である。

　その上で，既習を使った表現に添えるように新しい表現を教えるのである。本時の授業でも「$\frac{1}{3}$kmが5個分」という表現を子どもがする。その表現に，新しい仮分数の表現である「$\frac{5}{3}$km」を添えるのである。

　常に新しいことを学ぶときに，今までの既習をフル活用できるようにする。系統性の強い算数だからこそ大事にしなければならない学び方ではないだろうか。

4年

21 考察の対象をつくる
垂直・平行と四角形

対角線を動かすとどんな四角形ができるかな

[教科書では…]

対角線の特徴を使って，次の四角形をかきましょう。
① 対角線の長さが○cmと○cmのひし形　　② 対角線の長さが○cmの正方形

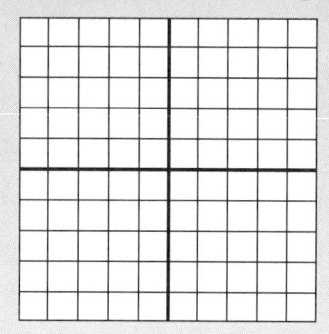

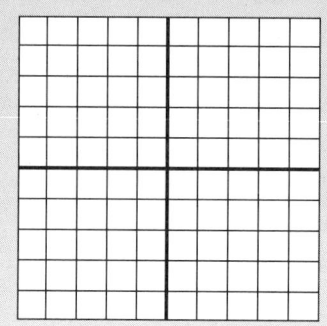

これを ⬇ アレンジ！

**2本の棒を対角線にして動かすと，
どんな四角形ができるでしょうか？**

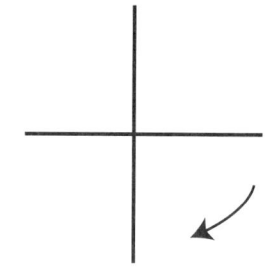

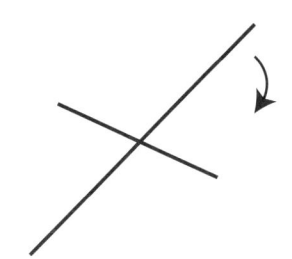

[アレンジポイント]

　2本の対角線を自由に動かしながら四角形を実際につくることで，四角形の対角線の特徴を実感的に理解する。
　また，教科書ではいろいろな四角形から対角線の特徴を調べることが主な学習になっている。あわせて，対角線の長さ・交差する角度を変えることで，どんな四角形ができるかを考えさせたい。

1. 授業の様子

前時に四角形の「対角線」という用語の意味と，正方形・長方形・ひし形・平行四辺形・台形の対角線を実際に図形に引くことでその特徴（対角線の長さ・直交・4つの頂点までの長さ）を理解している。

① どんな四角形ができそうか予想する

T：2本の棒（竹串の先を切り落としたもの）をばってんさせます。
この棒を対角線にしてどんな四角形ができるかな？
（動かしやすいように対角線の交点を輪ゴムで留めた）
C：正方形？　ひし形？　平行四辺形？
C：2つとも同じ長さなの？
T：2本は同じ長さです。
C：だったら正方形。
T：どうして正方形なの？
C：ひし形なら対角線は違う長さだから，正方形になる。
C：正方形は2つの対角線の長さが同じ。ひし形は対角線のどっちかが長いから。
T：2本だと正方形しかできない？
C：（2本の対角線を動かしてみる）長方形。

> **Point**
> 2本の対角線の長さは言わずに，対角線の長さへの意識を子どもから引き出したい

板書（過程）

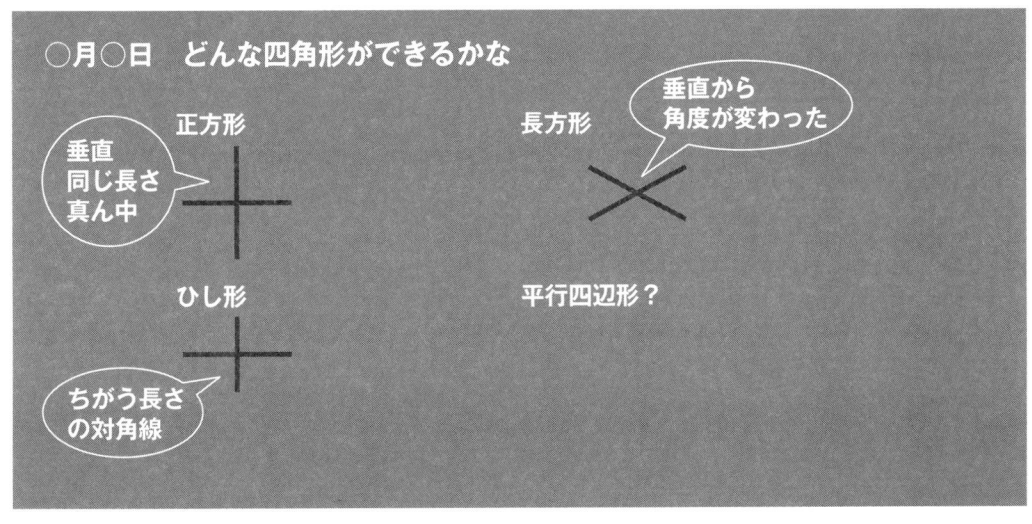

○月○日　どんな四角形ができるかな

正方形 ― 垂直・同じ長さ・真ん中
ひし形 ― ちがう長さの対角線
長方形 ― 垂直から角度が変わった
平行四辺形？

T：何が変わった？
C：ここ（対角線の角度）が90°なのが正方形。
　（動かした，対角線の交点の角度は）長方形は55°。
　（さらにせばめると）30°。
T：この2本でひし形できる？
C：できない。
　（ひし形なら対角線の）横と縦の長さが違うのがほしい。
T：長い棒と短い棒を用意しました。どんな形ができる？
C：ひし形。
T：正確なひし形にするにはどうしたらいい？
C：分度器で90度をとればいい。
T：垂直になればひし形ができるんだ。
　じゃあ，ひし形以外にはできそう？
C：（長さの違う2本の対角線を動かす）平行四辺形。
C：なるかわからない。
T：実際につくって確かめてみよう。

Point
2本の対角線を代表の子が動かすことで，そこからできる四角形を想像させたい

Point
子どもから「長さの違う棒が必要だ」と言わせるようにする

② 2種類の長さの棒（対角線）で四角形をつくってみる

　長い棒が14cm，短い棒が10cm，紙は方眼紙をコピーしたものを渡す。
C：（マスの上に棒を置いて考える）
C：（角度を変えながら棒を交差させて考える）
　子どもたちが授業で実際につくった四角形
〈同じ長さの対角線でつくった四角形〉

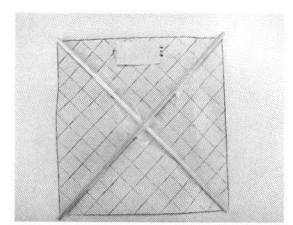

正方形 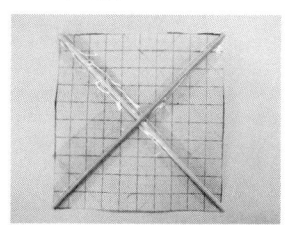　　　　　正方形 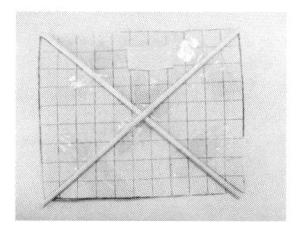　　　　　長方形

〈違う長さの対角線でつくった四角形〉

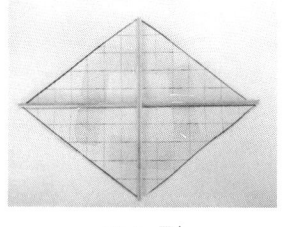

ひし形 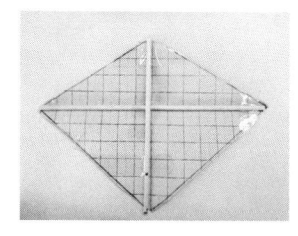　　　　　たこ形 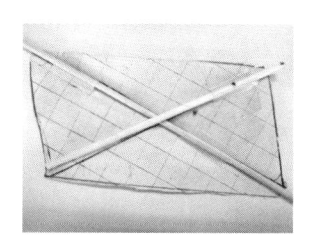　　　　　平行四辺形

板書（最終）

```
○月○日　どんな四角形ができるかな
```

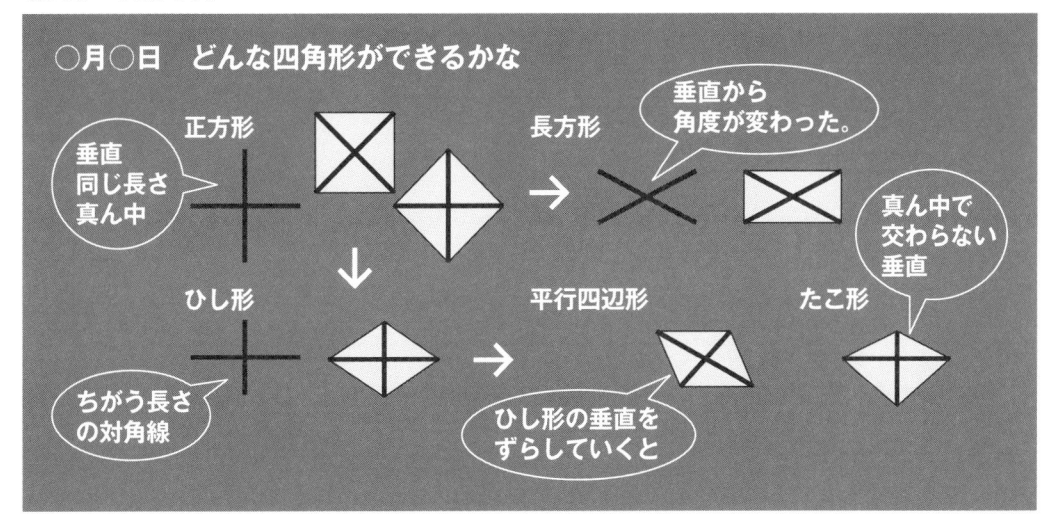

（板書イメージ）

- 正方形　←　垂直・同じ長さ・真ん中
- 長方形　←　垂直から角度が変わった。
- たこ形　←　真ん中で交わらない垂直
- ひし形　←　ちがう長さの対角線
- 平行四辺形　←　ひし形の垂直をずらしていくと

③ できた四角形を見て考える

T：対角線の長さや交わり方を変えていくと，どんな四角形になった？
C：正方形の対角線を垂直からずらしていくと長方形ができた。
C：違う長さの対角線は最初マスに合わせて（直角）ひし形ができそう。
　　真ん中で交差したのをずらすと，たこの形（たこ形）ができる。
　　普通の四角形もできた。
C：対角線の垂直をずらしていくと，平行四辺形ができる。

2. 実践を振り返って

　本実践では，四角形の対角線の特徴をとらえた上で，同じ長さの対角線が垂直に交わる正方形をスタートに，「垂直でなくなったら」「対角線の長さが変わったら」「2等分されなかったら」など，対角線の条件が変われば，その対角線からできる四角形が変わることを算数的活動を通して整理をした。「逆をたどる」ことにより，前時に学習した四角形の対角線の特徴を実感を伴って理解することもできた。

　ただ，子どもたちはどうしても方眼紙の線の上に棒を置きたがるので，対角線を直交させることで正方形やひし形をつくる子どもがとても多く，長方形や平行四辺形などに思考を広げる子が少なかった。長方形や平行四辺形については，方眼の交点に頂点ができにくいので，子どもたちはつくりづらさを感じてしまうのが課題である。

　本時で学んだことから，円の直径2本を対角線とする四角形は長方形なので，円周角は直角になることへとつなげることもできる。

4年 ㉒ パズル形式にする
がい数
概数をパズルで楽しく勉強しよう

[教科書では…]

四捨五入して（　）の中の位までの概数にしましょう。

① 361（百の位）　　② 4782（百の位）
③ 53472（百の位）　④ 425000（一万の位）

これを　↓　アレンジ！

概数にして，2万になる数をつないでゴールに行きましょう。

スタート	29444	15001	17777	21528
18367	22849	24999	25135	ゴール①
10001	19999	13215	20001	13293
20001	20048	10518	29999	21515
ゴール③	11218	10038	19999	ゴール②

[アレンジポイント]

　子どもたちが，夢中で概数の練習をするような状態をつくりたい。また，同じ数でも切り捨てたり，切り上げたり，四捨五入したりすると，全く違う数になるということも感じさせたい。

1. 授業の様子

概数では，四捨五入・切り上げ・切り捨ての3つの考え方が出てくる。その考え方の習熟の場面では，練習として問題が提示されている。しかし，単純な練習では，子どもたちはやらされている感が強い。そこで，練習としてパズルを配ることで，意欲を引き出す。

Point
しっかりと，切り上げ，切り捨て，四捨五入の理解ができているか確認しよう!

① 概数のパズルに挑戦

T ：今日は概数の練習をします。
C ：ええーっ，練習するの!? あれっ!? 何これ？

② ルールを把握する

T ：AさんとBさんとCさんがいます。
　　この3人はそれぞれ切り上げ，Bさんは切り捨て，
　　Cさんは四捨五入で物事を見る癖があります。
　　では，Aさんはスタートの横の29444と下の18367をいくつと言うでしょうか。
C ：今回は一万の位までの概数にするんですよね。
T ：そうです。
C ：だとすると，Aさんは横は3万，下は2万と言うと思います。
C ：それなら，下の18367の方に進んでいくということだね。
C ：でも，Bさんの切り捨ての見方で見ると，18367は1万になって，
　　29444は2万になるから，29444の方に行けそうだね。

板書（過程）

○月○日　がい数パズルをしよう

ルール　　一万の位までのがい数

・Aさん　Bさん　Cさんの3人がスタート地点から歩く。

・3人とも自分が20000だと思った方へ歩いていく。

・Aさん…切り上げ　　18367→20000

・Bさん…切り捨て　　29444→20000

・Cさん…四捨五入　　18367→20000

C：だったら，Cさんの見方の四捨五入なら…。
T：では，Aさん，Bさん，Cさんをそれぞれ，考えてみましょう。

③ 答えが2つあることに気付く

C：先生！　Aさんのゴールがわかりました！
C：僕もできました。
T：おっ，もうわかったのですか？
　　どれどれ。あれ？
　　ゴールが違いますね。おかしいなあ。
C：僕も○○さんと同じで，Aさんはこっちのゴールに行きました。
C：私は△△君のゴールと同じです。
T：どうして，結果が変わったのでしょうか。
C：もう一度，最初から確かめてみよう。
C：まだ答えまで終わっていないけど，
　　何か気を付けた方がよいことがあるのかな。
C：わかった！
　　このパズルは正解が2つあります！
T：どういうこと？
C：途中で，左と右のどちらにも行けるところがあります。
C：そうか。
　　よし，もう一つの方を見つけてみよう。

> **Point**
> 早くできた子がいたら，お互いに答えが一緒か確認し合わせよう

> **Point**
> 正解が1つに限らないということを,子どもたちに感じさせよう

④ 答えが複数あることを確かめる

C：先生！　やっぱり，もう一つ別の道があります。
　　Aさんは，10038のマスのところで右と左のどちらにも行けます。
C：ちょっと待って。
　　私も確かめてみる…本当だ！
C：なるほど。
　　じゃあ，BさんとCさんのときはどうなのかな。
T：では，BさんとCさんのときも考えてみましょう。
C：BさんとCさんのときも二方向に進める数がある。
C：Bさんのときは，25135のマスがポイントだね。
C：Cさんのポイントは，22849のマスだね。

板書（最終）

○月○日　がい数パズルをしよう

一万の位までのがい数

ルール

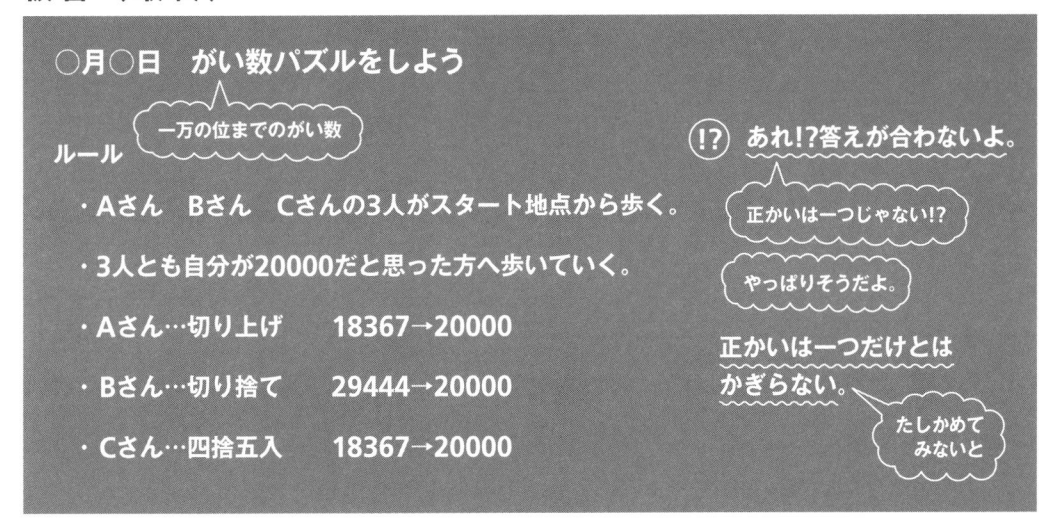

・Aさん　Bさん　Cさんの3人がスタート地点から歩く。

・3人とも自分が20000だと思った方へ歩いていく。

・Aさん…切り上げ　　18367→20000

・Bさん…切り捨て　　29444→20000

・Cさん…四捨五入　　18367→20000

!?　あれ!?答えが合わないよ。

正かいは一つじゃない!?

やっぱりそうだよ。

正かいは一つだけとはかぎらない。

たしかめてみないと

2．実践を振り返って

　この後の授業の展開では，どうやったらゴールを1つにすることができるのかということで盛り上がった。つまり，ゴール①にAさんがたどり着くにはどうしたらよいかということをみんなで考えていくということである。そこでは，変えることのできるマスは1つだけという制約を設けて取り組んでもらった。また，そうするとゴール②や③の方に全員が行くにはどうすればよいかということまで考え始める子どももいた。

　本時は概数の習熟の場面である。習熟のときには，得てしてドリル的な練習を行うことが多くなってしまう。しかし，習熟のときこそ，楽しく学ばせたいという気持ちでつくったのが本教材である。大切なことは子どもたちがパズルの数一つひとつに注意深く真剣に向き合おうという姿勢を見せてくれたということである。

　また，こういうパズルをやらせると，早く終わる子が必ず出てくる。そういう子に，一つの正解だけで満足してほしくないという思いもあった。違う答えがあるぞと情報提供して，自分から課題に向かっていってほしい。

　そういう意味では，1つの正解を見つけてからが，子どもたちが本当に本気になるときとなった。

　子どもたちは，熱中してパズルに取り組んでいた。時間が来ても解くのをやめなかった子の姿に，習熟のあるべき姿を見た。さらに，「ここはこうなるよね」と隣同士で切り捨てのやり方などを話し合う姿も見られた。こうした自然と子ども同士が話し合い，教え合う空間をたくさんつくりたい。

4年 面積　23 比べる場面にする

広さを比べよう

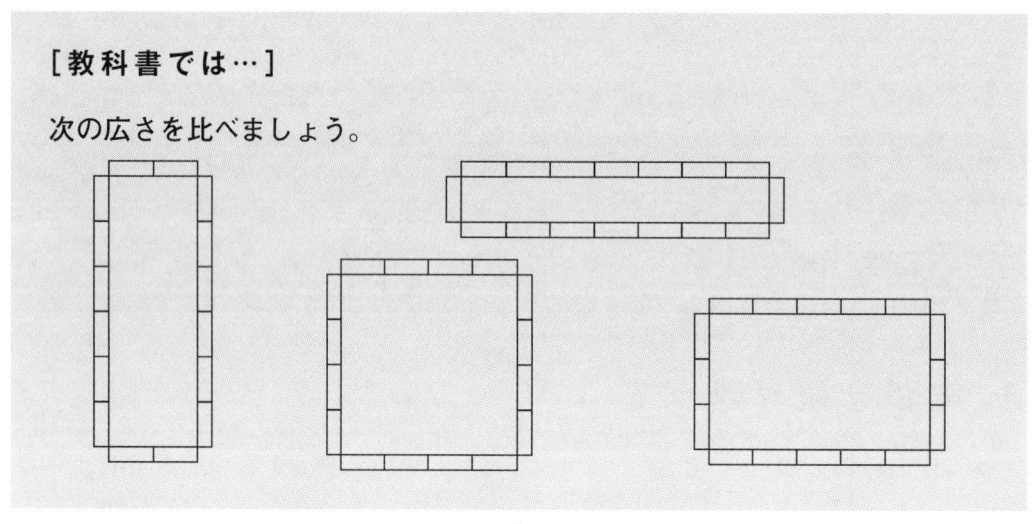

[教科書では…]

次の広さを比べましょう。

これを ⬇ アレンジ！

2つの正方形の広さは同じかな。

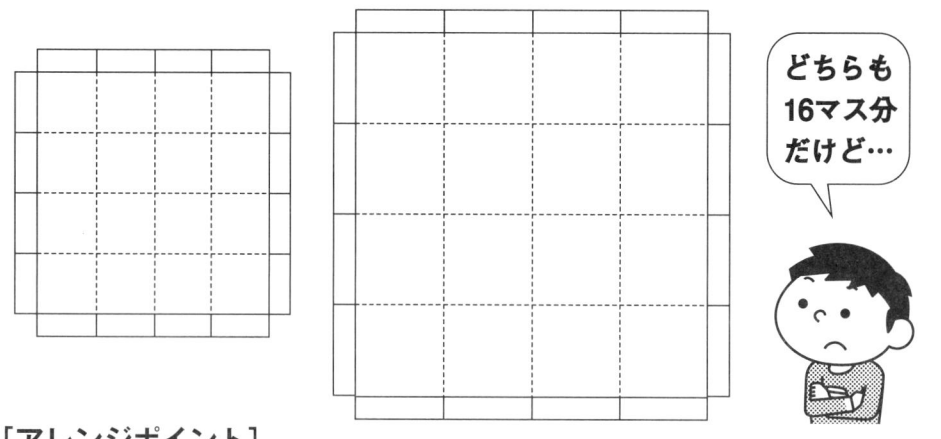

どちらも16マス分だけど…

[アレンジポイント]

　面積の導入場面では，広さ比べを通して普遍単位の必要性に気付かせることがねらいとなる。長さの違う長方形を用意することで，両方とも数値で表すと16マスになるが，広さが異なることから普遍単位の必要性に気付かせたい。

1. 授業の様子

① 16個のブロックを使って長方形をつくる

2人一組にして，16個の長方形が印刷された紙を配布しハサミで切らせる。

T：今日は，この16個のブロックを使って長方形の遊び場をつくります。何か質問はありますか。

C：正方形にしてもいいですか。

ブロックの中が長方形になっていればよいこと，中の形は正方形でもよいことなどの約束を確認し，グループでどのような長方形ができるかを考える。

その後できた長方形を黒板で発表する。

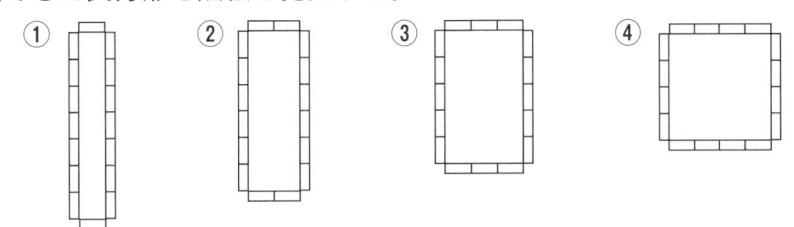

② 広さを比べる

T：なるべく広い遊び場にしたいのですが，どれも16個全部使っているから，広さはみんな同じですね。

C：広さは，違うよ。

C：①は狭い気がする。

T：では，どうやったら広さを比べることができますか。

Point
「どれが一番広いかな?」ではなく，「どれも広さは同じだね」と投げかけることで，子どもから広さが違うことの説明を引き出そう

板書（過程）

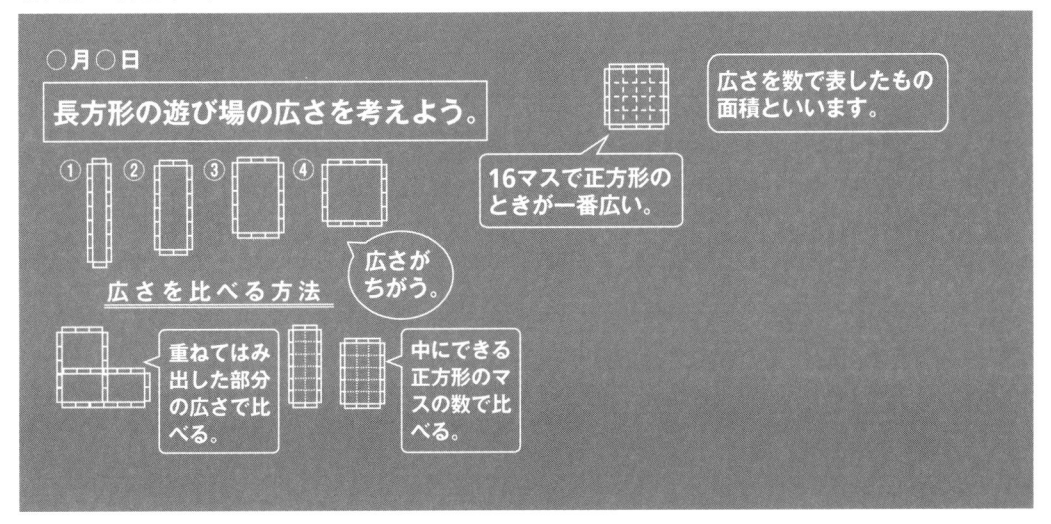

○月○日

長方形の遊び場の広さを考えよう。

① ② ③ ④

広さを数で表したもの面積といいます。

16マスで正方形のときが一番広い。

広さがちがう。

広さを比べる方法

重ねてはみ出した部分の広さで比べる。

中にできる正方形のマスの数で比べる。

広さの比べ方をそれぞれ考えさせてノートにまとめ，発表をさせる。
ここでは，次のような段階で比べ方を発表させていく。

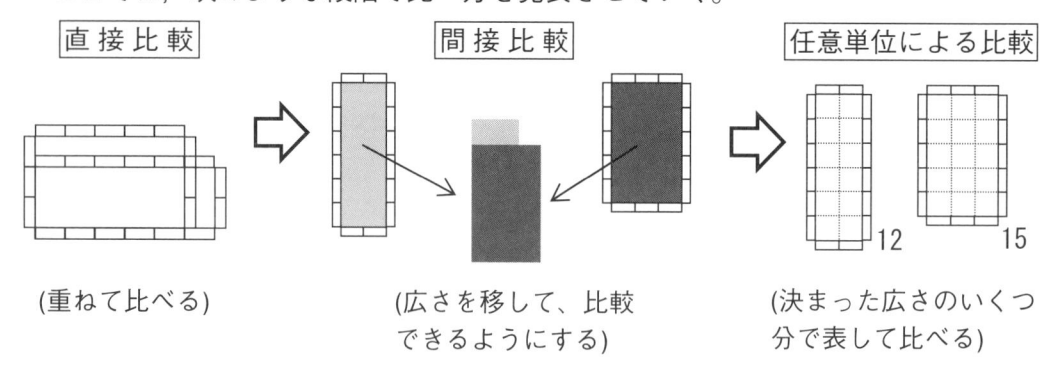

直接比較	間接比較	任意単位による比較
(重ねて比べる)	(広さを移して、比較できるようにする)	(決まった広さのいくつ分で表して比べる)

③ 面積について押さえる

正方形の数で考えるという意見が出たところで，広さを数で表したものを「面積」ということを押さえる。

T：では，それぞれの長方形を，中にできるマスの数で比べるとどうなりますか。
C：①が7マスで，②が12マスで，③が15マスで，④が16マスだから，④が一番広い。
T：なるほど，では④の正方形の形にするのが，一番面積が広いということですね。

④ 普遍単位の必要性を考える

T：では，一度手もとのブロックを一番広い形にしてみましょう。
T：みんな16マスになっていますか？
　　きちんとなっているか，お互いに机を移動して確認してみましょう。
C：あれ？　いくつかのグループは広さが違う。
T：どういうこと？
C：ブロックの長さが違う。

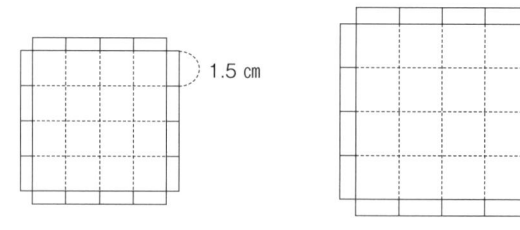

最初に紙を配った際に，縦の長さが1.5cmのブロックの紙と，2cmのブロックの紙の2種類を混ぜておいたのである。

T：どちらも16マスだけれど，広さは違うのですか？
C：だって，1マスの大きさが違うよ。
C：同じ大きさのマスで数えなきゃだめ。

板書（最終）

（板書画像）
○月○日
長方形の遊び場の広さを考えよう。
① ② ③ ④
広さを比べる方法
広さがちがう。
重ねてはみ出した部分の広さで比べる。
中にできる正方形のマスの数で比べる。
16マスで正方形のときが一番大きい。
1マスの大きさが違う。
同じ広さの正方形で数えないといけない。
広さを数で表したもの面積といいます。
1cm² 1cm 1cm
1辺が1cmの正方形の広さを1平方センチメートルといいます。

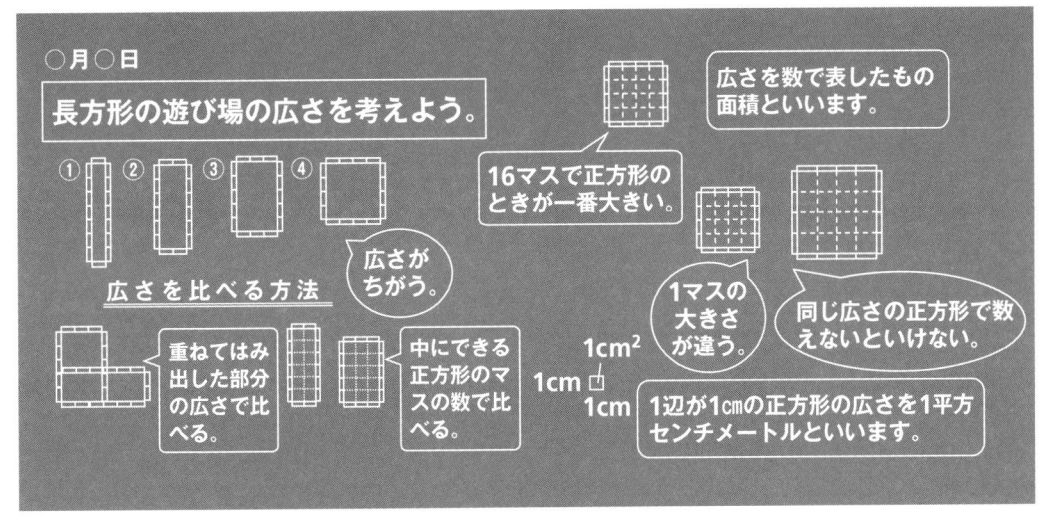

T：では、みんなが共通の広さになる正方形が必要なのですね。

　普遍単位の必要性に気付いたところで、1辺が1cmの正方形と同じ広さのことを「1平方センチメートル」といい、面積の単位として使われることを教える。

> **Point**
> 共通の広さの正方形が必要なことを子どもから引き出そう!

2. 実践を振り返って

　本時は、面積の導入場面である。広さについては、第1学年の広さ比べで、直接比較や間接比較、身の回りのものでの任意単位での比較を行ってきている。第4学年の面積の導入では、広さ比べを通して、数値化の必要性に気付かせ、任意単位での広さ比べを行い、普遍単位へとつなげていく。

　教科書では、まわりの長さが同じ四角形の広さを比べる展開と、陣取りゲームなどでどちらが広いかを比べる展開が多い。本時では、まわりの長さが同じ場合の四角形について考える授業を行った。自分のブロックでつくった四角形の広さを比べる段階では、ブロックの辺の長さを一辺とした正方形で考えていくと広さを比べることができる。これは、任意単位での考えである。しかし、友達がつくった四角形と比べる場合には、共通の広さの四角形で比べないと数値で広さを比べることができない。意図的にブロックの大きさを変えることで、みんなが共通となる広さの必要性に気付かせ、普遍単位について意識させることができた。

4年 式と計算

24 条件を決めさせる

計算が楽しくなる数を探そう

[教科書では…]

389 + 234 + 266 = 389 +（234 + 266）

これを ↓ アレンジ！

下の□にどんな数を入れるとよいでしょうか？

$$74 + 65 + 35 + □$$

[アレンジポイント]

　既に用意されている数の中で考えているばかりでは，子どもたちの数へ働きかける力が育たない。子どもたちから，数自体を出させ，自分たちで数を創造する場面をつくることで，課題に広がりをもたせ，発展性を生み出し，子どもの意欲を引き出す。

24 4年：式と計算

1. 授業の様子

74 + 65 + 35 +□を，子どもたちに提示する。
　この活動を通して，簡単に計算できる数を考えたり，きりのよい答えになるように工夫したりする力を育てる。

① 計算が楽しくなる数を探す

T：この□の中に，計算が楽しくなる数を入れよう。
C：入れる数はなんでもいいのですか？
T：じゃあ，最初は1桁の数でやろうか。
C：1桁の数だと，1が楽でいいな。
C：いや，0が一番いいよ。
　　だって，計算しなくてもいいし。
C：でも，それだと，74 + 65 + 35 と変わらないね。
T：それでは，74 + 65 + 35 の式を
　　考えてみましょうか。
C：その式だと，65 と 35 を先に計算すると楽だね。
T：どういうこと？
C：だって，たしたら 100 になってきりがよくなるでしょ。
C：そうすれば，74 + 100 = 174 で簡単だね。
C：だから，□が0のときは，そのまま 174 にすればいいから楽ちん！
C：別に0じゃなくても，1とかでも楽だよ。
C：確かに，それなら2とか3とか4とか5も繰り上がりがないからいいね。

Point
きりがよい,たしたら10になるなど,工夫につながるアイデアを引き出そう

板書（過程）

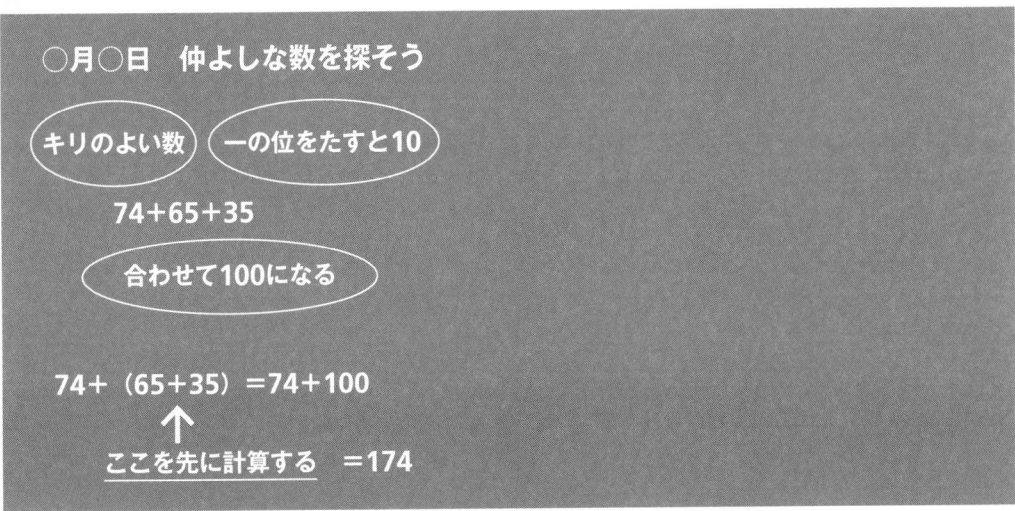

○月○日　仲よしな数を探そう

（キリのよい数）（一の位をたすと10）

74+65+35

（合わせて100になる）

74+（65+35）=74+100
　　　　↑
　　ここを先に計算する　=174

C：でも，6の方がきりがよい気がするんだけど。
T：どういうこと？
C：だって，74と6をたすと，
　一の位が0になってきりがよくなるでしょ。

$$74 + 65 + 35 + \boxed{6} = 80 + 100 = 180$$

C：本当だ。6はいい数だね。

②□に2桁の数を入れて考える

T：では，□に2桁の数を入れるなら，どんな数がいいでしょうか？
C：26がいいな。
C：36とか，46も悪くないけど，
　やっぱり26が一番楽しくなるね。
T：どうして，26が一番なの？
C：だって，そうすれば74＋26で100になって，
　100と100で200になるでしょ。

> **Point**
> 自分たちで出た数のよさを話し合わせよう

$$74 + 65 + 35 + \boxed{26} = 100 + 100 = 200$$

③出た数，それぞれの考え方を検討する

　それぞれの数を出した子どもの考えをみんなで共有していくことで，計算を工夫するよさを子どもたちと深めていく。
T：どうして，みんなはそのように考えることができたのでしょうか。
C：どれも74と合わせれば計算しやすい数になります。
C：どの数も，4と6で一の位が0になっていて，
　さっきの65＋35のときと同じように考えることができます。
C：そう考えると，他にもつくれそうだね。
C：うん，つくれそう！
　先生もう少し考えてみてもいいですか？
T：もちろんいいですよ。

板書（最終）

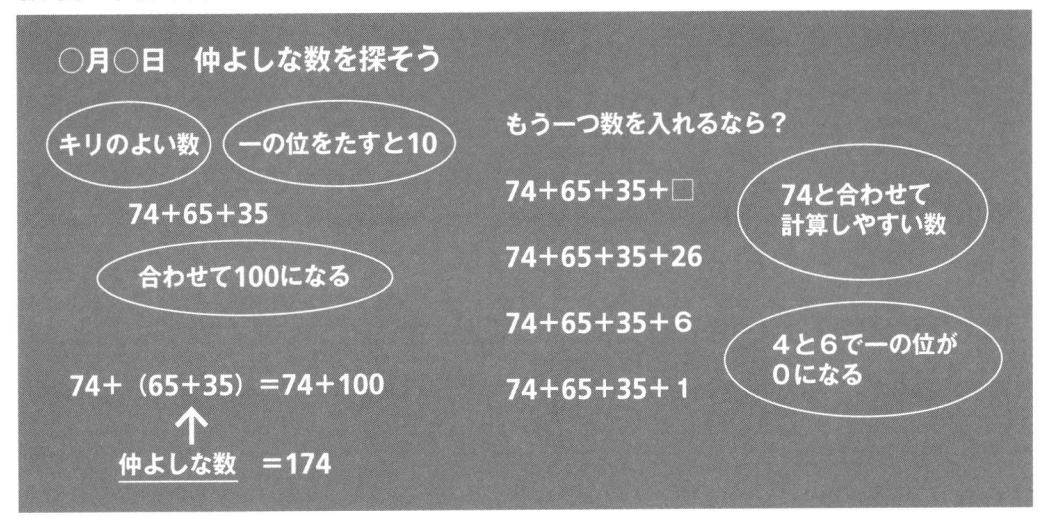

```
○月○日　仲よしな数を探そう

( キリのよい数 )  ( 一の位をたすと10 )      もう一つ数を入れるなら？

    74＋65＋35                          74＋65＋35＋□          ( 74と合わせて
                                                                    計算しやすい数 )
   ( 合わせて100になる )                  74＋65＋35＋26

                                        74＋65＋35＋ 6         ( 4と6で一の位が
                                                                    0になる )
    74＋（65＋35）＝74＋100              74＋65＋35＋ 1
          ↑
        仲よしな数　＝174
```

2．実践を振り返って

　計算の工夫を考えるときに，問題に対して受動的に臨んでいては，子どもの意欲を十分に引き出すことはできない。そのために，子ども自身から工夫できそうな数を出してもらうことで，主体的な姿勢を引き出したいと考えた。

　その後の活動としては，自分で工夫できそうな問題をつくり，それをクラスで共有するなどの時間をつくるとさらに広がると思う。

　ただ問題を解き，答えを求めて満足するのではなく，「こうなっていたらいいなあとか」「こうしてみたらどうだろう」と，自分の意志で問題に働きかけてくれるようになってほしいと，子どもたちの姿を見ていて改めて感じた1時間であった。

　その後の授業では，926と826という数が子どもたちと話題に上がった。ある子が「926がよい」と発表したところ，別の子からそれなら826の方がいいのではないかという反応があったのである。

　つまり，74との組み合わせだけならば，926の方が1000となりよいのだが，式全体を見ると，826と74を合わせて900として，それを65＋35の100と合わせて1000とした方が美しいというわけである。

　こういった子どもたちの数を通してのかかわり合いにこそ，算数授業の本質が垣間見える気が私にはするのだが，どうだろうか。

4年 ㉕ 隠す
分数のたし算・ひき算
模様が違っても，大きさは同じなの？

[教科書では…]

$\frac{1}{2}$, $\frac{2}{4}$, $\frac{3}{6}$ だけ色を塗って，大きさを比べましょう。

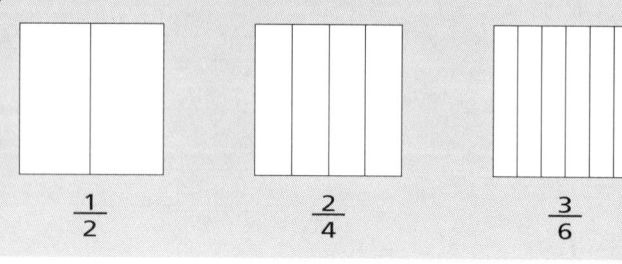

$\frac{1}{2}$　　　$\frac{2}{4}$　　　$\frac{3}{6}$

これを　アレンジ！

折り紙の半分に色を塗って模様をつくりましょう。

?

[アレンジポイント]

　折り紙の半分に色を塗る活動を通して，自分自身で同値分数をつくっていくこと分数の意味理解を深められると考えた。模様は違っても，折り紙の「半分の大きさ」とすべて同じ量になる見方を引き出し，同値分数を発見させたい。

㉕ 4年：分数のたし算・ひき算

1. 授業の様子

折り紙を黒板に貼り，「折り紙の半分に色を塗りましょう」と問題提示をする。曖昧な問題に出会った子どもたちからは，いろいろな質問が出ることが予想される。その質問を一つひとつ整理する中で，問題の意味が理解できるようにしていく。

① 折り紙の半分に色を塗る方法を考える

T：今日は，折り紙の半分に色を塗って模様をつくりましょう！
C：簡単だよ！
T：では，早速やってみましょう（自力解決）。
C：僕は，折り紙を縦に折って半分をつくったよ！
C：私は，折り紙を斜めに折って半分をつくったよ！
T：本当に半分と言えるのかな？
C：半分に折って，ぴったり重なるから同じ大きさだよ。
C：半分は $\frac{1}{2}$ のことでしょ？
C：折り紙を1と見て，2つに分けたうちの1つだから $\frac{1}{2}$ でいいと思う。

② $\frac{1}{2}$ と $\frac{2}{4}$ の大きさが同じ理由を考える

C：まだあるよ！　これはどうかな？
C：えーこれは半分じゃないでしょ？
C：半分だと思うよ。
C：半分じゃない！
　4等分したうちの2つ分だから $\frac{2}{4}$ だもん。

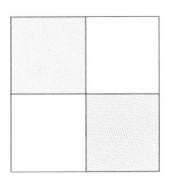

Point
表し方が違っても，同じ大きさだと気付かせよう！

板書（過程）

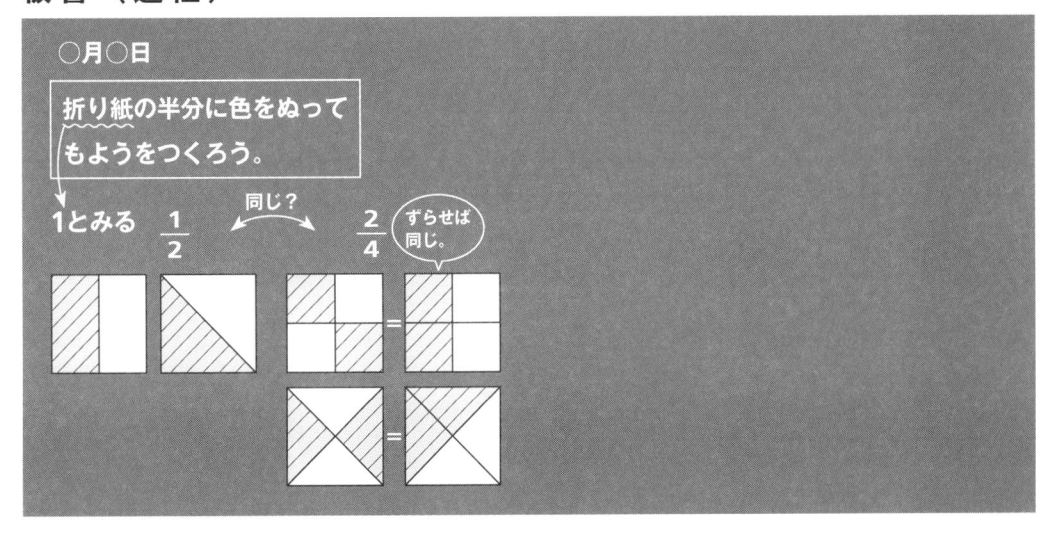

○月○日

折り紙の半分に色をぬってもようをつくろう。

1とみる　$\frac{1}{2}$　同じ？　$\frac{2}{4}$　ずらせば同じ。

T：どういうこと？
C：半分は$\frac{1}{2}$でしょ？ $\frac{1}{2}$と$\frac{2}{4}$は分子も分母も違うんだから，半分じゃないよ！
C：確かに分子分母は違うけど，小さい正方形を左にずらせば，$\frac{1}{2}$と同じ形になる。

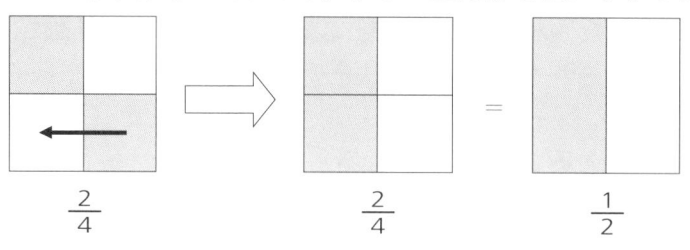

$\frac{2}{4}$　　$\frac{2}{4}$　$\frac{1}{2}$

Point
移動させて，同じ量になることを発見させよう！

T：じゃあ，$\frac{1}{2}$と$\frac{2}{4}$は同じ大きさってことなの？
C：同じ形（半分）になるんだから，同じ大きさだと思う！
C：分け方が違うんだよ。
T：分け方が違うって，どういう意味？
C：2等分したのか，4等分したのかの違いだよ。
C：4等分すると，1つ分の大きさが2等分のときの大きさの半分になる。
C：だから，4等分したときは，2つ分の大きさが必要になるから，$\frac{2}{4}$になる。

③他の模様について考える

C：他にも，いろいろな模様がつくれるよ！
C：だって，半分の大きさに色を塗れば，
　　いろいろな分け方ができるもん。
C：そうそう，できる！
T：では，他の模様もつくってみましょう（自力解決）。
C：僕は，$\frac{4}{8}$ができたよ。
C：私は，$\frac{8}{16}$ができたよ。
T：$\frac{4}{8}$と$\frac{8}{16}$も本当に半分になるのかな？
C：なるよ！ $\frac{4}{8}$も$\frac{8}{16}$も移動させれば半分の形になる。

Point
分け方が細かくなっても，半分の量になることを押さえよう！

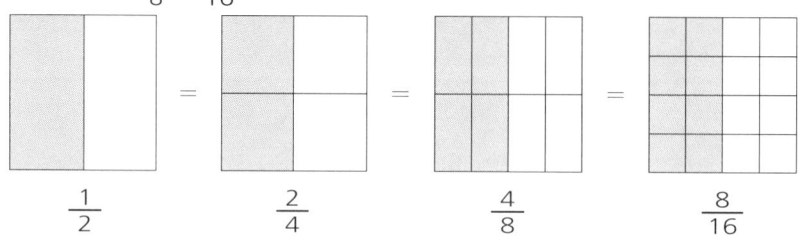

$\frac{1}{2}$　＝　$\frac{2}{4}$　＝　$\frac{4}{8}$　＝　$\frac{8}{16}$

C：移動すれば，$\frac{1}{2}$，$\frac{2}{4}$，$\frac{4}{8}$，$\frac{8}{16}$も全部同じ形になるね！
T：そうですね。$\frac{1}{2}$，$\frac{2}{4}$，$\frac{4}{8}$，$\frac{8}{16}$のように，表し方は違っても，
　　大きさの等しい分数があることがわかりましたね。

板書（最終）

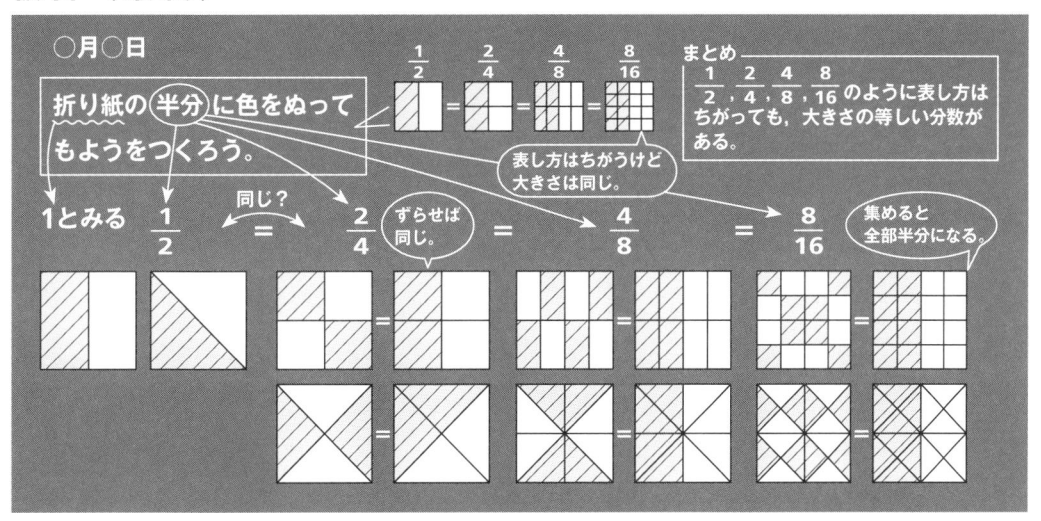

2．実践を振り返って

　6年生を対象に実施される全国学力・学習状況調査の結果より，分数の意味が十分に理解できていないという実態があった。「等分してできる部分の大きさ」を分数を用いて表す問題では，分子や分母の数だけに着目して判断している誤答が目立った。

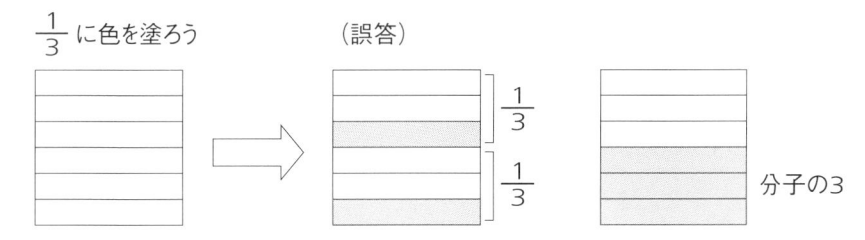

　そこで，自分で分母をつくりながら同値分数を発見する活動を通して，分数の意味理解を深められると考えた。でき上がった模様が，「本当に折り紙の半分に色を塗っているか」を検討する中で，半分という同じ量に帰着させ，同値分数の意味やつくり方を理解させたい。また，分数は「量は同じでも表し方を自由自在に変化させられる」という便利さも感じてほしい。

　子どもたちは，自分たちで自由に模様をつくりながら，意欲的に同値分数の学習に取り組んでいた。授業後も，$\frac{16}{32}$，$\frac{32}{64}$など，他にも同値分数を見つけ，いろいろな模様をつくることを楽しんでいた。

4年 位置の表し方
26 隠す
宝探しをしよう！

[教科書では…]

点アの位置をもとにすると，
点イ，点ウの位置はどのように表せるでしょうか。

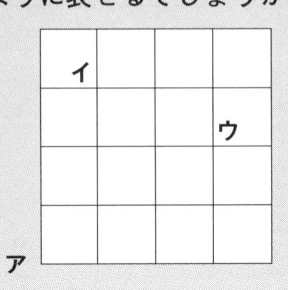

これを ⬇ アレンジ！

宝探しをします。
どこに宝が隠れているかを当てましょう。

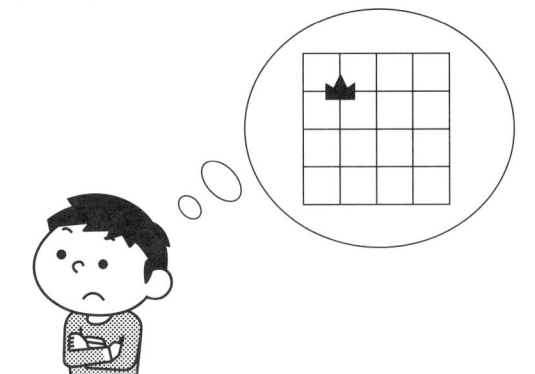

[アレンジポイント]

　子どもたちにとって「位置をわかりやすく表して，問題を解決したい」という意欲が湧くような課題にするために，宝探し形式にアレンジした。「宝がどこにあるのか，当てたい」という意欲を喚起させながら，位置を特定していくにはどうしたらよいかを考えていく。また，その後の習熟問題としても活用できる課題としている。

1. 授業の様子

①位置を特定する方法を考える

右のような図を提示する。
（□は付箋。格子の交点に貼っておく）

T：この図の中で，付箋が貼ってあるところの
　　どこかに宝を隠しました。
　　さて，どこに隠したでしょう。
C：えー，どこだろう。
　　そのあたりかな？
T：そのあたりってどのあたり？
C：だから，2列目あたりとか…。
T：2列目？
　　（上から2列目や下から2列目，左から2列目などを指す）
　　どこだろう。
C：はっきりしないなあ。
C：だから，「ここが1」だとか決めちゃえばいいんだよ。
T：「ここが1」ってどういうこと？
C：例えば，一番左の列を1にしたら，
　　1列右に進んだら2でしょう。

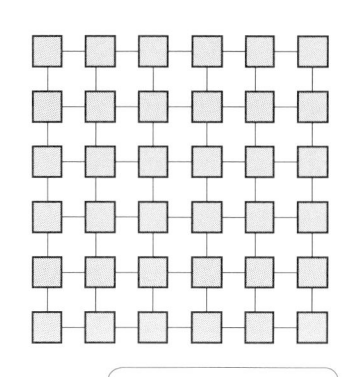

Point
「そのあたり」など,位置を特定しようとする表現を,どう説明したらみんなで共有できるか話し合おう!

Point
「ここを0とする」や「ここを1とする」など,基準を決めようとする発言に注目して,価値付けよう!

板書（過程）

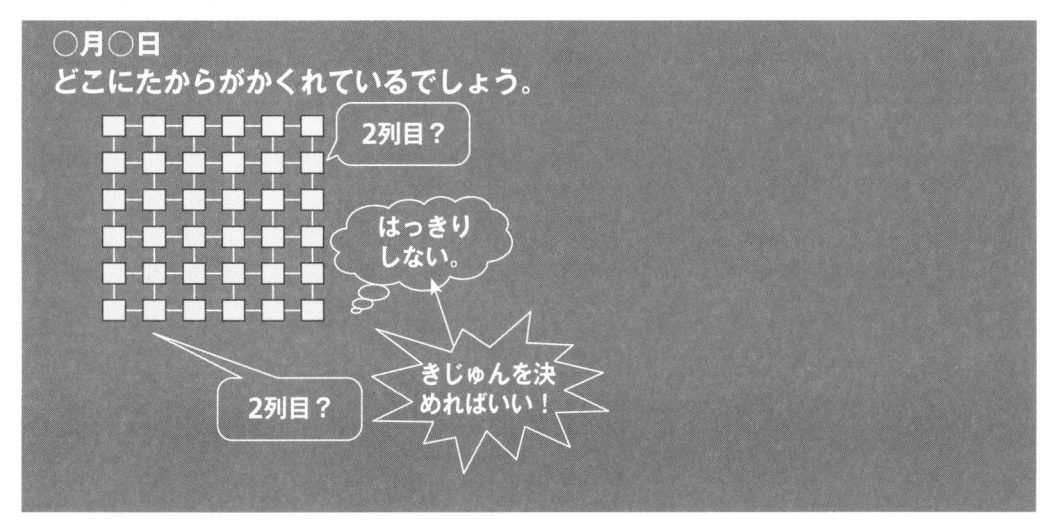

○月○日
どこにたからがかくれているでしょう。

- 2列目？
- はっきりしない。
- 2列目？
- きじゅんを決めればいい！

T：なるほど！
　「どこをスタートにするか」がはっきりすれば，説明できるんだね。
　では一番左の一番下，ここを0と表すことにしたら，ここは？
C：そこが0なら，その隣は1です。
C：同じように縦にも番号をふれば，
　全部の位置を表せそうだよ。
　（0を横と縦の基点として，数字で位置を表せることを指導する）
T：このように，0を基点として横に1,
　縦に3動いたところの点を（1, 3）と表すことができます。

> **Point**
> 位置を数字で表そうとする発言を積極的に取り上げよう！

②宝探しゲームをする（習熟）

T：では，位置の表し方を使って宝物の位置を当ててみましょう。

宝探しゲーム1（先生の宝物のある位置を当てよう！）

[ルール] 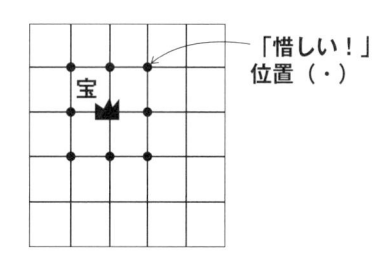
①教師が宝を隠す位置を決める。
②子どもが，宝が隠れているだろうと思う位置を言う（(2, 3)のように）。
　その際，隠した宝物の位置を囲む8つの位置を言われたときには教師は「惜しい！」と言う。
　子どもは格子の印刷されているワークシートにメモをとり，そのメモを見ながらどこに宝が隠れているかを限定していく。
　教師は付箋をはがして宝があるか確認し，付箋をもとに戻す。
③制限時間内に宝のある位置を当てられたら子どもの勝ち。

宝探しゲーム2（友達と宝のある位置を当て合おう！）

[ルール]
①「ゲーム1」の②のルールで，友達同士で宝のある位置を当て合う。
　互いに自分の宝を隠す場所を決め，交互に数字で位置を言い，当てていく。
　先に宝の在りかを当てた方が勝ち。

板書（最終）

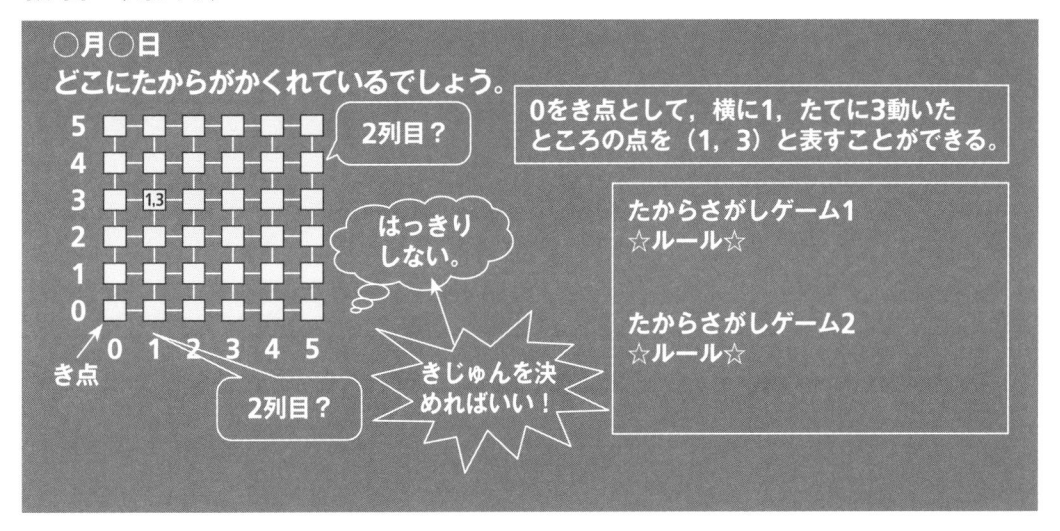

```
○月○日
どこにたからがかくれているでしょう。
[座標図：5×5の格子に(1,3)の点]   0をき点として，横に1，たてに3動いた
                              ところの点を（1，3）と表すことができる。

「2列目？」「はっきりしない。」「きじゅんを決めればいい！」

たからさがしゲーム1
☆ルール☆

たからさがしゲーム2
☆ルール☆
```

2. 実践を振り返って

　今回の「位置の表し方」は，直方体と立方体の学習の最後に組み込まれている内容である。ここは，教科書を示して「ものの位置は，数字を使ってこのように表すのです」と，はじめから教えてしまい，ひたすら練習問題を解いて習熟する形で取り扱われることも少なくないようである。しかし，それだけでは知識として習得できても，位置の表し方のよさを感じながら学習内容を定着させていくのは難しいのではないだろうか。

　本時は，宝探しという課題にアレンジして実践している。このような課題を設定することで，子どもたちの中に「位置を特定したい」という意欲と目的感を生むことができた。また，特定したい位置をどう表現すれば学級全体で共有することができるか，という話し合いをする中で，数字で表すことの便利さに気付くことができたのである。さらに，この課題はものの位置の表し方について理解する場面だけでなく，習熟の場面でも役に立った。「点Ｄの位置を数字で表しましょう」というような練習問題に比べ，お互いに宝探しをするという目的をもつことで，学習したことを楽しんで使う姿が見られた。子どもたちは自然に座標を使い，数字の表す位置を確かめ，ゲームを進行していく。図にかき込みながら位置を確認するので，算数が苦手な子でも楽しんで取り組み，理解させることができた。

　解決したいという「意欲」と「目的感」が，クラス全体で話し合いを盛り上げ，学習内容の定着に役立ったと感じている。休み時間になっても「宝探しゲームをやろう！」と，ノートに自ら座標をかき，位置を確認している姿を見たときは嬉しかった。今回学習した「平面の上にあるものの位置の表し方」を「空間の中にあるものの位置の表し方」にもいかしていきたいと思っている。

4年 27 条件を変える
変わり方
□角形だったらどうなるかな

[教科書では…]

同じ長さのストローを使って，正三角形を横に並べた形をつくります。
正三角形を10個つくるには，ストローは何本いるでしょうか？

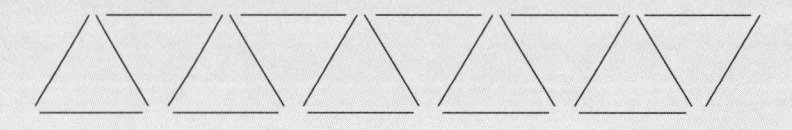

これを ⬇ アレンジ！

同じ長さのストローを使って，□角形を横に並べた形をつくります。□角形を10個つくるには，ストローは何本いるでしょうか？

もしも、
三角形だったら…

[アレンジポイント]

　□角形にすることで，四角形だったら，五角形だったら…と形を変えて，発展して考えることができる。

1. 授業の様子

まず，同じ長さのストローで三角形をつくって並べていったら，何本ストローが必要か考える。三角形が10個のとき，実際につくると大変だが，増えていく変化のきまりがわかればストローの本数がわかる。そして，四角形，五角形…と形を変えても，三角形と同じように考えればストローの本数がわかることを発見させる。

① 三角形のときについて考える

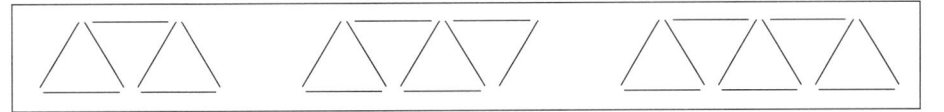

T：同じ長さのストローを使って，
　　三角形を横に並べた形をつくります。
T：三角形が3個だったら，ストローは何本いるかな？
C：7本。
T：三角形が4個だったら？
C：9本。
T：三角形が5個だったら？
C：11本。
T：では，三角形10個だったら何本いるかな？
C：並べるのは大変だね。
C：三角形5個で11本だから，2倍で22本かな？
C：表にかいてみたらわかるんじゃないかな？

Point
まずは，実際にストローを並べて問題を理解しよう!

板書（過程）

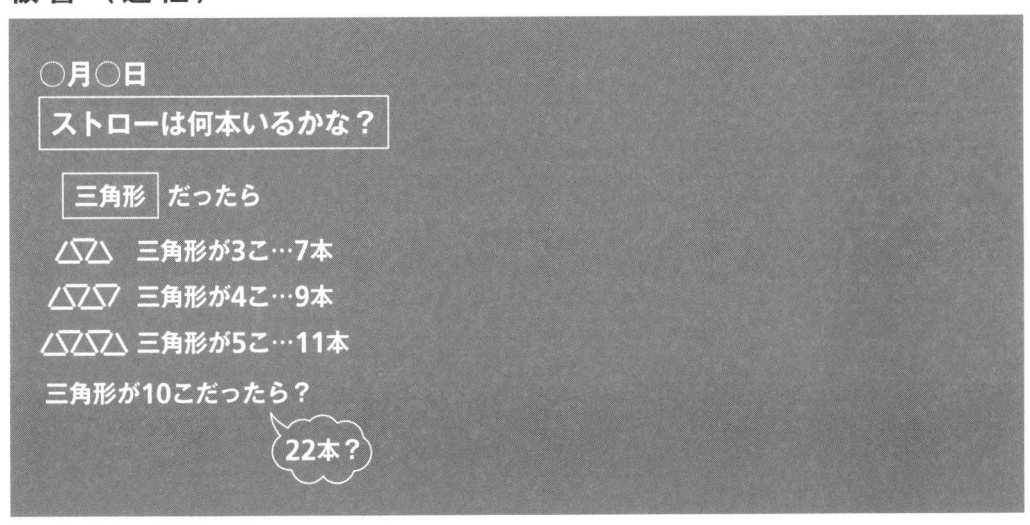

○月○日

ストローは何本いるかな？

　三角形 だったら

　　三角形が3こ…7本
　　三角形が4こ…9本
　　三角形が5こ…11本
　三角形が10こだったら？
　　　　　　　　　22本？

T：では，三角形の数とストローの本数がどのように変わるか調べてみましょう。

② きまりを見つける

C：表にして考えました。三角形が1個増えると，ストローの本数は2本ずつ増えるから，3＋2＋2＋2＋2＋2＋2＋2＋2＋2＝21　21本

三角形の数（個）	1	2	3	4	5	6	7	8	9	10
ストローの本数（本）	3	5	7	9	11	13	15	17	19	21

　　＋2　＋2　＋2　＋2　＋2　＋2　＋2　＋2　＋2

C：私は，式で考えました。最初の三角形だけ3本だけど，2個目からは2本増やせば三角形を増やせるから，三角形が10個だったら，3＋2×9＝21

C：図で考えると，＋2の部分がよくわかるね。
　　　　　3＋2＝5

Point
表,式,図を一緒に考えると,式の意味や,表の変化のきまりがわかりやすいね！

③ 四角形，五角形…でも考えてみる

T：三角形が増えても，ストローの本数がわかりましたね。では，形を変えても，ストローの本数を求めることはできるかな？

C：四角形（正方形）でもできるよ。

C：五角形でもやってみたいな。

T：では，四角形や五角形を10個横に並べたら何本ストローがいるか考えてみましょう。

C：四角形が10個のときを，表にして考えました。四角形が1個増えると，ストローの本数は2本ではなくて3本増えるから，4＋3＋3＋3＋3＋3＋3＋3＋3＋3＝31　31本です。

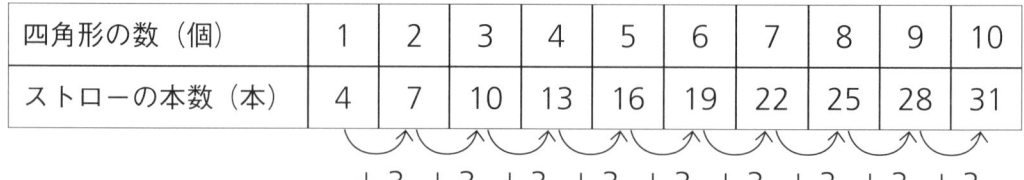

四角形の数（個）	1	2	3	4	5	6	7	8	9	10
ストローの本数（本）	4	7	10	13	16	19	22	25	28	31

　　＋3　＋3　＋3　＋3　＋3　＋3　＋3　＋3　＋3

Point
三角形のときの求め方を使って考えてみよう！

C：私は，式で考えました。最初の四角形だけ4本だけど2個目からは3本増やせば四角形を増やせるから，四角形が10個だったら，4＋3×9＝31

C：四角形も，三角形と同じようにして考えることができるね。

板書（最終）

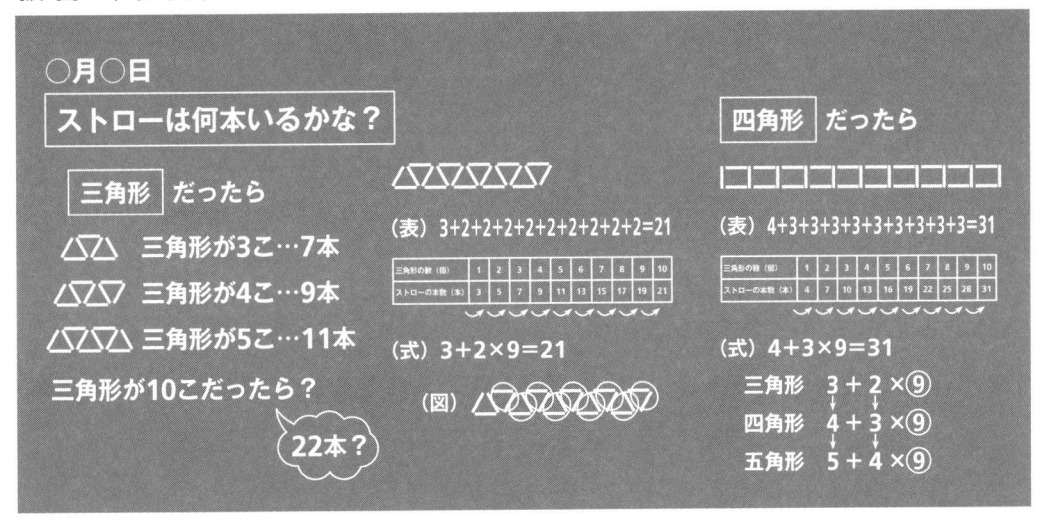

```
○月○日
ストローは何本いるかな？                                    四角形 だったら

  三角形 だったら          △△△△△△△△△△           □□□□□□□□□□
  △△   三角形が3こ…7本   （表）3+2+2+2+2+2+2+2+2+2=21   （表）4+3+3+3+3+3+3+3+3+3=31
  △△△  三角形が4こ…9本                                
  △△△△ 三角形が5こ…11本  （式）3+2×9=21                （式）4+3×9=31
  三角形が10こだったら？                                     三角形  3＋2×⑨
                         （図）                             四角形  4＋3×⑨
              22本？                                        五角形  5＋4×⑨
```

C：三角形と四角形の式を比べると，3＋2×9と4＋3×9だから，五角形だと，5＋4×9で五角形が10個のストローの本数を求めることができると思うよ。

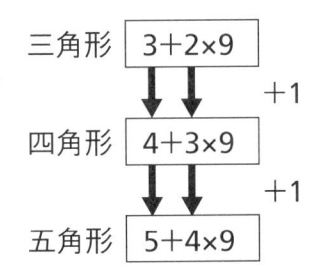

三角形 3+2×9
　　　　↓↓ ＋1
四角形 4+3×9
　　　　↓↓ ＋1
五角形 5+4×9

Point
式と図をよく見比べながら,式の意味を考えさせよう！

C：六角形でも，七角形でもどんな形でもできそうだね。

2．実践を振り返って

　実際にストローを並べることにより，問題の仕組みを理解し，三角形が増えるとストローの本数はどのように増えるか考える手立てとなった。式，図，表と関連させながら考えることも，式の意味や変化のきまりのわけを考えるために有効な手立てとなった。

　形を最初から三角形に限定しないことで，「もしも形が変わったら，ストローの本数はどのように増えていくか」発展して考えることができた。三角形での考え方から類推して考えることを認め，クラス全体に広めることが大切である。本時では扱わなかったが，「もしも三角形が100個並んだらストローは何本必要か」など，三角形や四角形の数を変えて新しい課題をつくることもできる。形や数を変えて考えることにより，発展的に考える力を育てていきたい。

　また，○角形が□個並んだときのストローの本数など，一般化して考えることにより，6年生で学習する文字と式や，中学校で学習する文字式にもつながった学習展開になる。児童の実態によって，チャレンジしていきたい。

5年 小数のかけ算
28 比べる場面にする
かけ算のきまりを使って

[教科書では…]

6.5 × 2.4 = 15.6 の計算をもとにして，次の計算の積を求めましょう。
① 65 × 2.4
② 6.5 × 24
③ 65 × 24
④ 0.65 × 24
⑤ 650 × 0.024

これを ↓ アレンジ！

次の式の □ に当てはまる数を求めましょう。

① □ × □ = 156

② □ × □ = 15.6

（②は後から提示する）

[アレンジポイント]

　本授業では，かけ算のきまりを使いこなせるようになることがねらいとなる。そこで，与えられた計算をただ行うだけではなく，オープンエンドの課題として設定し，計算することに意味をもたせた。また，積が整数になる乗法を先に考えるようにすることで，比較しながら学習を進められるようにした。

1. 授業の様子

今まで学習してきた小数のかけ算のまとめとして扱う。筆算をせずに，答えを求めることに主眼を置く。

① 問題を把握する

> 次の式の□に当てはまる数を求めましょう。
> ①□×□= 156
> ②□×□= 15.6

Point
既習事項が使えないかな？

T：□の中に当てはまる数はいくつになりますか？
C：簡単にできそう。
T：えっ，もうできた？
C：できたよ！ 例えば，78×2でしょ。52×3も積が156になるね。
C：まだまだあるよ！ 39×…。
T：ストップ！
　　この調子でいくと，積が156になるような□の数はまだまだ求められそうだ。
　　でも実は，今日の問題はもう一問あるんだ。
　　それはね，積が156ではなくて，15.6なんだけど…。
C：え～，15.6！ 小数かあ。考えにくいなあ。
C：そうなんだよね。積が整数なら求めやすいのに，小数だとすごく難しく感じる。
　　なんとか，うまくできないかなあ。
T：なるほどね，整数だと考えやすくて，小数だと考えにくいんだね。

板書（過程）

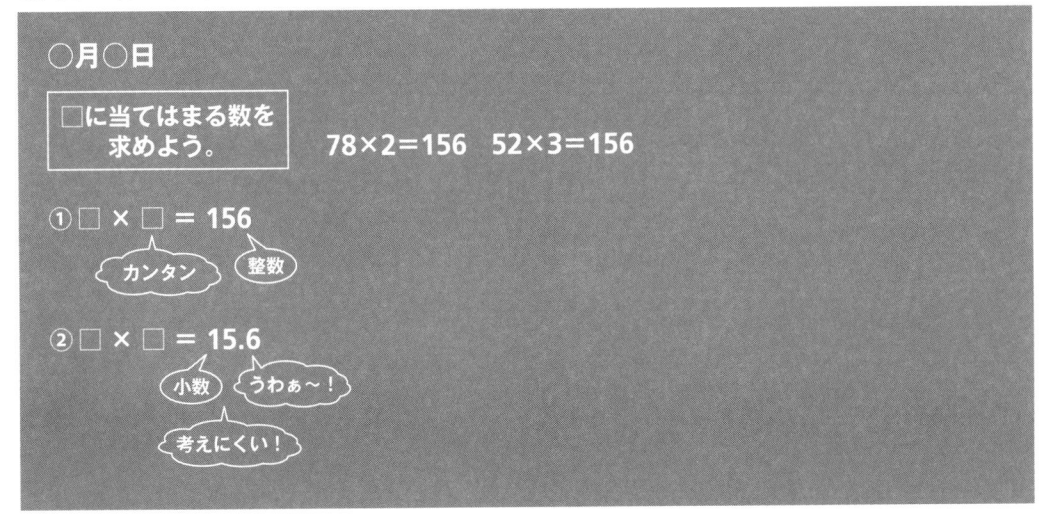

○月○日

□に当てはまる数を求めよう。　　78×2=156　　52×3=156

①□×□= 156
　　　カンタン　整数

②□×□= 15.6
　　　小数　うわぁ～！
　　　考えにくい！

② 整数の乗法の式をヒントに，かけ算のきまりを確認する

C：あっ，いいこと思いついた！
　　小数だと考えにくいから，積の小数を整数にしてみたらどう？
T：どういうこと？
C：積の 15.6 を 10 倍して，156 にするんだよ。
C：でもさあ，答えを 10 倍したら，もとの式と変わってきてしまうよ。
C：そう，10 倍すると，例えば，78 × 2 = 156 になるよね。
C：それを，もとに戻すには，「＝」の右側と左側をそれぞれ $\frac{1}{10}$ にすれば，
　　□が求められるよね。
T：つまり，□はいくつになるのかな？
C：2 通り考えられます。
　　1 つは，かけられる数「78」を $\frac{1}{10}$ して，7.8 × 2 = 15.6 です。2 つ目は…。
T：ちょっと待って！
　　2 つ目にいく前に，黒板に書いた 2 つの式を見比べてみよう！
C：なるほど！　確かに，①の式をもとにして考えるとわかりやすいね。

③ 1 つの式をもとにして，他の式を見つける

C：積が $\frac{1}{10}$ になっているから，かけられる数も $\frac{1}{10}$ になっているよ。
C：本当だ！　これ，前にかけ算のきまりで学習したね。
T：ということは，かけられる数ではなくて，かける数を $\frac{1}{10}$ しても，求められるのかな？
C：そう，それがさっき言おうとした，2 つ目です！
　　かける数「2」を $\frac{1}{10}$ して，78 × 0.2 = 15.6 です。
T：さっき①を考えたときに出てきた他の式も使って，②の式がつくれるかな？
C：できるよ！　例えば，52 × 3 だったら，52 はそのままで，3 を $\frac{1}{10}$ にすればいいから 0.3 にすると，52 × 0.3 になって，積は 15.6 になるよ。
C：先生，これって，答えがいっぱい出てくる気がするのですが…。
T：どうしてそう思ったの？
C：だってね，例えば，52 × 0.3 のかけられる数を 10 倍，かける数を $\frac{1}{10}$ にして，520 × 0.03 としても，積が 15.6 になったよ。
T：どうして，積が 15.6 になるってわかるのかな。
C：52 を 10 倍して，520。積を 15.6 で同じにするには，もう一つの数 0.3 を $\frac{1}{10}$ にして，0.03 にする必要があるからです。

> **Point**
> かけ算において，かけられる数（または，かける数）を 10 倍（$\frac{1}{10}$）すると，積も 10 倍（$\frac{1}{10}$）になる計算の性質があったことを確認する

板書（最終）

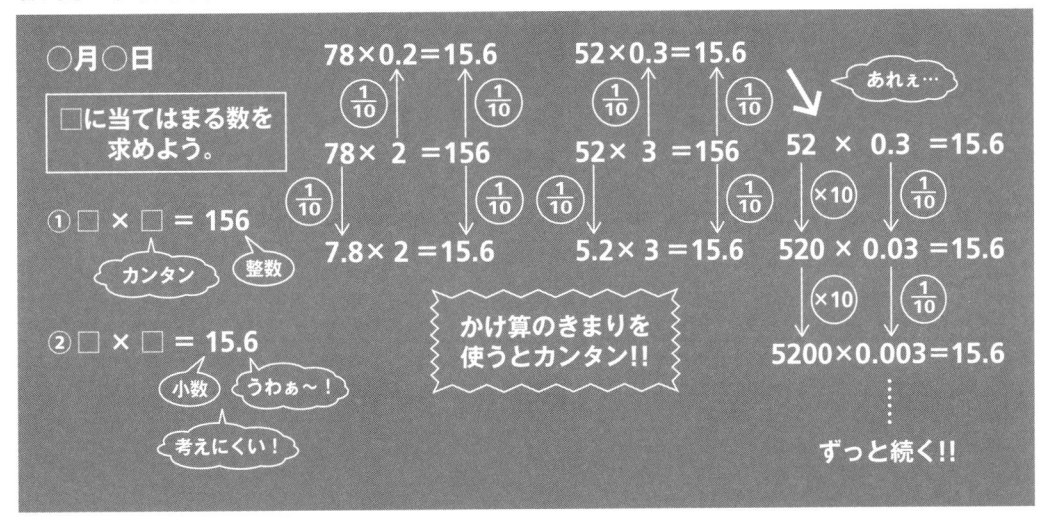

```
○月○日                    78×0.2=15.6      52×0.3=15.6
 ┌─────────────┐           ↑1/10 ↑1/10      ↑1/10 ↑1/10      ↘ (あれぇ…)
 │ □に当てはまる数を│        78× 2 =156       52× 3 =156        52 × 0.3 =15.6
 │   求めよう。    │         ↓1/10 ↓1/10    ↓1/10 ↓1/10       ↓×10  ↓1/10
 └─────────────┘
 ①□×□ = 156             7.8× 2 =15.6     5.2× 3 =15.6      520 × 0.03 =15.6
   (カンタン)(整数)                                              ↓×10  ↓1/10
                          ┌──────────────┐
 ②□×□ = 15.6            │ かけ算のきまりを │                5200×0.003=15.6
   (小数)(うわぁ～！)      │ 使うとカンタン!!│                    ⋮
   (考えにくい！)         └──────────────┘                ずっと続く!!
```

C：そうだ，これもかけ算のきまりだったよ。
　　だから，520 × 0.03 = 15.6 になるはずです。
C：ということは，5200 × 0.003 も積が 15.6 に
　　なるね。うわあ，すごい！
T：授業のはじめに考えた，積が 156 になる式を
　　もとにすれば，まだまだ□に当てはまる数が求
　　められそうですね。

> **Point**
> かけ算では,被乗数を10倍($\frac{1}{10}$)したら,乗数を$\frac{1}{10}$(10倍)にすると,その式の積は等しいままになることを確認する

2．実践を振り返って

　子どもたちは教科書のような問題を見ると，考えるよりも先に筆算をしてしまいがちであり，なおかつ計算間違いを多くするものである。そこで，筆算が使えないような問題を考えた。
　156 は，どういうかけ算で求められる数なのかを考える時間は，ある数をいろいろな見方でとらえるためのよい学習となった。そして，そこで得た式をもとにして，②の□に当てはまる数を考えていくことで，かけ算のきまりを再確認することができたように思う。
　本授業を通して，筆算を用いなくても，整数の式に置き換えて，式のきまりや性質を使っていくと答えが求められることに気付いてほしい。そして，これが小数のわり算を学習する場合でも，同じようにわり算のきまりや性質を用いれば求められることに気付く子どもを育てたい。

5年 ㉙ 視覚化する
小数のかけ算
かけ算のきまりって こういうことか！

[教科書では…]

2.3 × 3.4 の計算の仕方を考えよう。

```
2.3      ×   3.4     =  7.82
↓×10        ↓×10      ↑÷100
23       ×   34      =  782
```

これを ↓ アレンジ！

縦2.3cm，横3.4cmの長方形の面積を求めましょう。

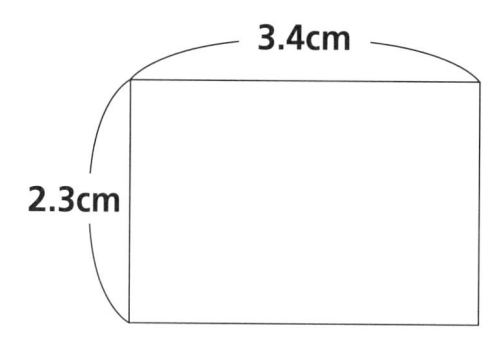

```
           3.4cm
       ┌─────────┐
 2.3cm │         │
       │         │
       └─────────┘
```

[アレンジポイント]

　かけ算のきまりだけでは実感をもって理解できない子どももいる。そこで，面積を求める場面にして，整数化する意味を理解しやすくする。

1. 授業の様子

　縦と横の長さが整数の場合の長方形の面積の求め方を復習し，単位面積（整数の場合は1㎠）を基準にして考えるということを全員が理解できるようにする。その上で，縦と横の長さが小数の場合の長方形の面積の求め方を考える。

① 積の求め方を振り返り，
縦と横の長さが小数になっている場面を把握する

T：縦2cm，横3cmの長方形の面積の求め方は
　　2×3＝6と求めますが，この答えの6
　　という意味はわかりますか？
C：1㎠が6つ分ということです。
T：そうですね。
　　面積は1㎠がいくつあるかということを考えて求めましたね。
　　では，縦2.3cm，横3.4cmの長方形の面積はいくつでしょうか。
C：縦と横の長さが小数だから，「1㎠のいくつ分」では考えることができない。

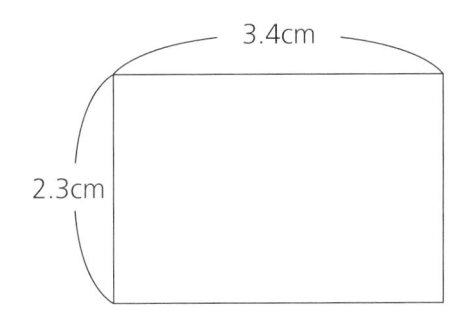

板書（過程）

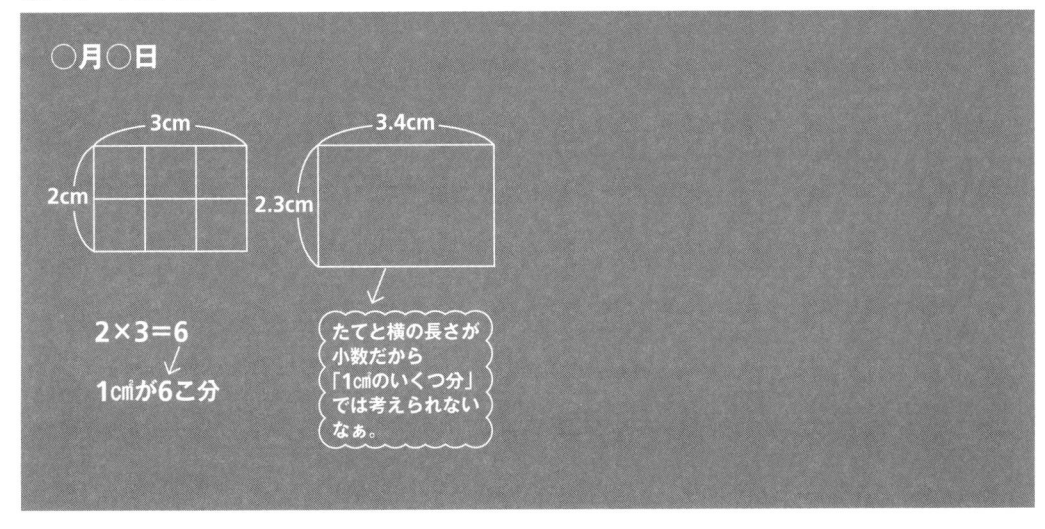

②かけ算のきまりを使って解き，その仕組みを考える

C：かけ算のきまりを使って考えたよ。

2.3　　　×　　3.4　　　＝ 7.82
↓×10　　　↓×10　　　↑÷100
23　　　×　　34　　　＝ 782

C：横と縦の長さをそれぞれ10倍したということは，
縦23cm，横34cmの長方形の面積を求めたことになる。
この長方形には，縦2.3cm，横3.4cmの長方形が100個ある
ということだから，23×34の答えの782cm²を100で割っているんだよ。

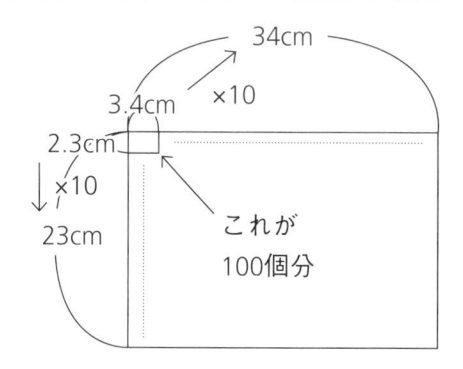

C：他の見方もできるよ。2.3と3.4は0.1cmをもとに考えると，
それぞれ23個分と34個分になる。
そう考えると，縦2.3cm，横3.4cmの長方形の中には，1辺が0.1cmの正方形が23×34で782個入っていることになる。
1辺0.1cmの正方形の面積は1辺1cmの正方形の面積の$\frac{1}{100}$だから，0.01cm²になる。
0.01cm²の面積の正方形が782個入っているということになるんだよ。

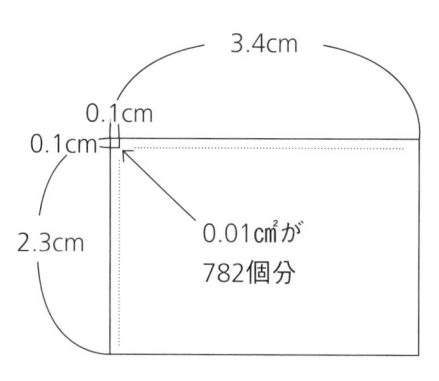

> **Point**
> 面積を求める場面に戻して，かけ算のきまりの仕組みを考えさせよう!

C：0.01cm²が782個あるんだから，7.82cm²になるよ。
C：だから，23×34の答えの782を最後に÷100するんだね。

板書（最終）

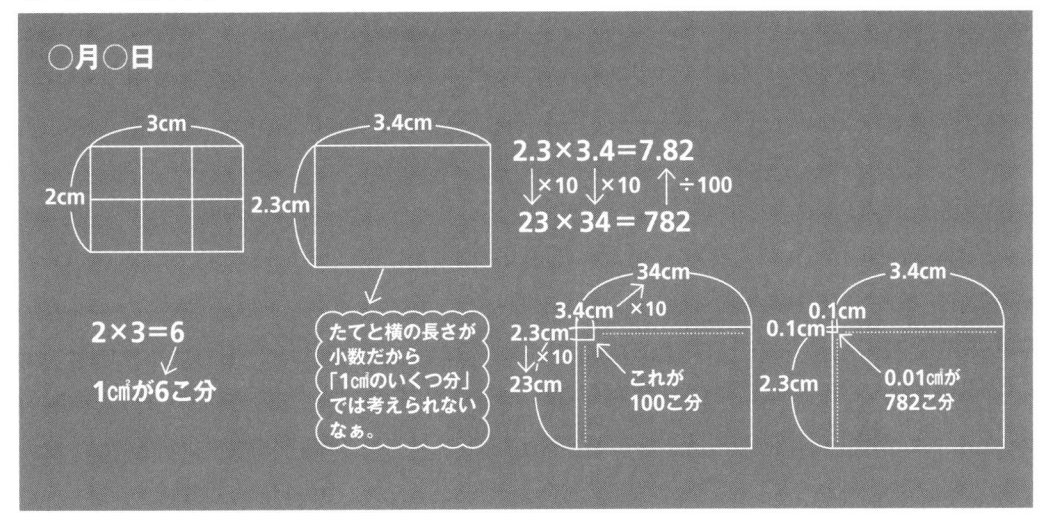

○月○日

```
        3cm                3.4cm              2.3×3.4=7.82
    ┌───────┐         ┌──────────┐           ↓×10 ↓×10 ↑÷100
 2cm│       │     2.3cm│          │           23×34 = 782
    │       │         │          │
    └───────┘         └──────────┘
                                              34cm
                                         3.4cm ×10         3.4cm
  2×3=6            たてと横の長さが   2.3cm│ │          0.1cm
                   小数だから         ↓×10│ │     2.3cm 0.1cm│
  1cm²が6こ分      「1cm²のいくつ分」  23cm │ │          │    │
                   では考えられない       これが         0.01cm²が
                   なぁ。                100こ分         782こ分
```

③ 考え方をまとめる

T：小数×小数の計算をかけ算のきまりを使って解きましたが，
　　かけ算のきまりの仕組みについて2通りの考え方が出ましたね。
　　2つの考え方に共通していることは何かな。

C：整数に直して考えていること。

C：縦と横の長さを10倍にしたのは，長さを整数に直して考えている。

C：0.01cm²をもとにして考えた方法は，0.1cmが横と縦にいくつあるかを考えて
　　整数に直している。

C：小数のかけ算は，整数に直すことでいつでもできそうだね。

2. 実践を振り返って

　本時は小数×小数の仕方を考える時間である。小数のかけ算は，単元が進むにつれて，かけ算のきまりを使って形式的に解いていく傾向が強い。筆算などは，形式的に解けるようにしておくことも大切ではあるが，その意味が理解できないまま計算をしていると，時間が経つと解けなくなってしまう子どもも増えてしまう。かけ算のきまりの仕組みを理解することが，小数×小数の理解を深めることにつながると考えられる。

5年 小数のわり算

30 迷う場面にする

この「0.5」って何？

[教科書では…]

1.3mのテープを0.2mずつ切っていきます。
0.2mのテープは何本できて，何mあまるでしょうか。

```
|――――――― 1.3m ―――――――|
|___|_____|
 0.2m
```

これを ⬇ アレンジ！

問題は，教科書通りです。

- 1.3 ÷ 0.2 = 6.5 じゃないの？

- 「何本できて」と聞かれているのだから，6.5本はおかしいよ

- では，6.5ってどういう意味なのかな？

[アレンジポイント]

　間違えて割り進んで出した商と，問題場面に対応するように出したあまりを比べることで，あまりの意味を理解しやすくなる。

1. 授業の様子

あまりの出る小数のわり算の問題を提示し，問題を解く。問題場面に対応するようにあまりの数値を出すとともに，割り進んで出た商と比べる。そうすることで，あまりの数値が何を表しているのかを考えさせる。

① 割り進んで商を出す

T：1.3m のテープを 0.2m ずつ切っていきます。
0.2m のテープは何本できて，何 m あまるでしょうか。
C：1.3 ÷ 0.2 ＝ 6.5 だから，6.5 本だと思う。
C：「何本」というときは，整数で答えないとおかしいよ。
C：商が 6.5 なんだから，6 本取れて 0.5m あまるということだよ。
C：確かめ算をしてみたけど，
その答えはちょっとおかしい。
0.2 × 6 ＋ 0.5 ＝ 1.7 になっちゃって，
もとのテープの長さよりも長くなっちゃったよ。

> **Point**
> 6.5という商が場面に対応した答えでないことや，6本取れて0.5mあまるということが間違いであるということを，全員が理解できるようにしよう！

② 問題場面に対応するように，あまりを出す

C：6 本取れることはわかったんだから，0.2 × 6 ＝ 1.2 で，
1.2m 分使ったことがわかる。
それで，1.3 － 1.2 ＝ 0.1 とすれば，0.1m があまることがわかるよ。
C：やっぱり，あまりは 0.1m なんだね。

板書（過程）

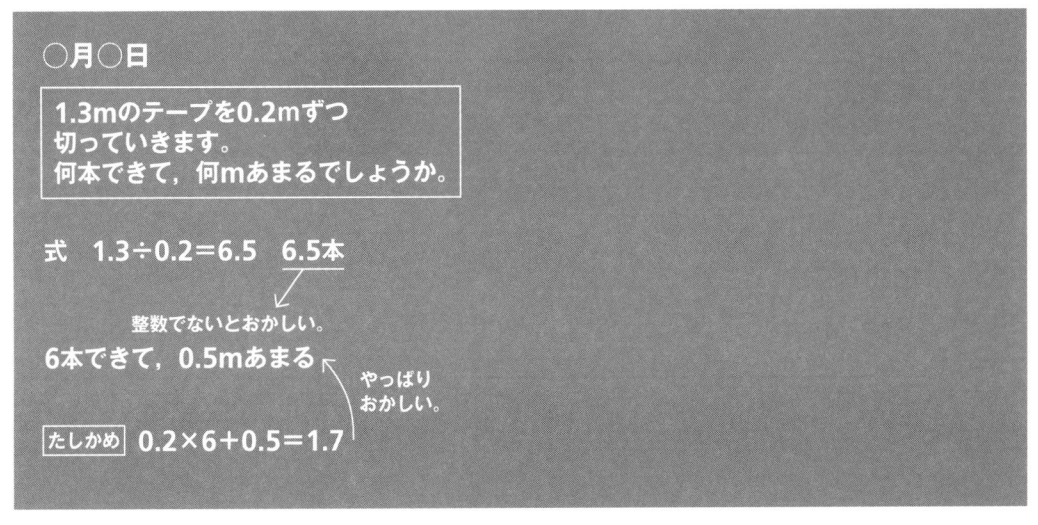

○月○日

1.3mのテープを0.2mずつ
切っていきます。
何本できて，何mあまるでしょうか。

式　1.3÷0.2＝6.5　6.5本

整数でないとおかしい。
6本できて，0.5mあまる

やっぱりおかしい。

たしかめ　0.2×6＋0.5＝1.7

C：筆算でやるとこうなりました。

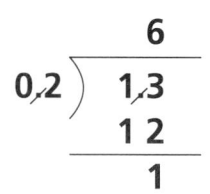

```
      6
0.2 ) 1.3
      1 2
        1
```

> Point
> 「筆算でやると，あまりが1mだと思う」というような反応を大切に授業に乗せていこう!

C：あれ？ あまりは1mになっちゃったよ。
C：でも，確かめ算をすると，
　　0.2×6＋1＝2.2になっちゃうから，
　　やっぱり，あまりは0.1mなんじゃないかな。

③ 割り進んで出た商とあまりを比べ，正しいあまりの数値の理由を考える

C：さっき出した6.5という商だけど，
　　この商の0.5があまりの部分になっていると思う。
C：0.5っていうのは半分のこと。
　　0.2mの半分ということだから，0.1mになるんだと思う。
C：0.2mを1とすると，0.5に当たるのが0.1mだから，
　　やっぱりあまりは0.1mだよ。
　　1　　⇒　0.2m
　　0.5　⇒　0.1m
C：図で表すと，こういうことだね。

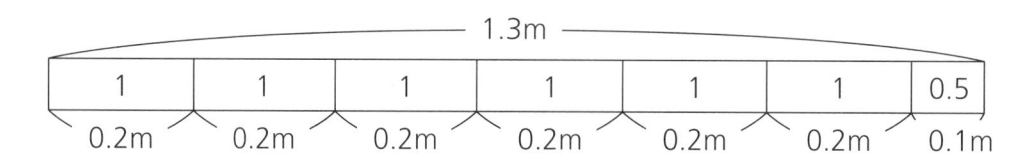

```
|←――――――――― 1.3m ―――――――――→|
| 1 | 1 | 1 | 1 | 1 | 1 |0.5|
|0.2m|0.2m|0.2m|0.2m|0.2m|0.2m|0.1m|
```

C：ということは，最初に出た6.5という商は，
　　0.2を1としたときの6.5に当たるのが1.3mということだね。
　　1　　⇒　0.2m
　　6.5　⇒　1.3m

板書（最終）

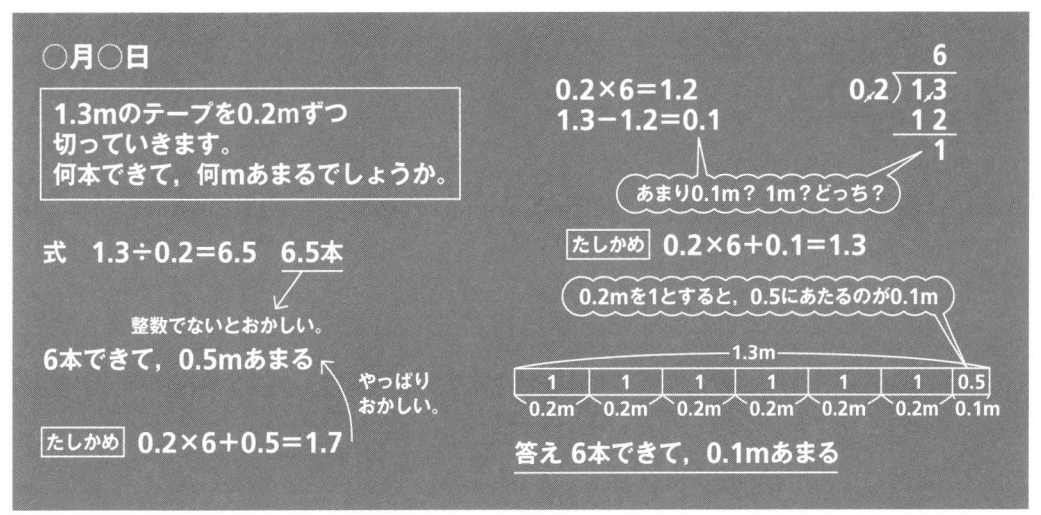

○月○日

1.3mのテープを0.2mずつ
切っていきます。
何本できて，何mあまるでしょうか。

```
          0.2×6=1.2        6
          1.3-1.2=0.1    0.2)1.3
                           1 2
                             1
```

式　1.3÷0.2=6.5　6.5本

整数でないとおかしい。

6本できて，0.5mあまる

やっぱり
おかしい。

たしかめ　0.2×6+0.5=1.7

あまり0.1m？ 1m？ どっち？

たしかめ　0.2×6+0.1=1.3

0.2mを1とすると，0.5にあたるのが0.1m

|←――――――――1.3m――――――――→|
| 1 | 1 | 1 | 1 | 1 | 1 |0.5|
|0.2m|0.2m|0.2m|0.2m|0.2m|0.2m|0.1m|

答え　6本できて，0.1mあまる

2．実践を振り返って

　本時は，小数÷小数の単元末にある「あまりの出る小数のわり算」を学習する時間である。「あまりの出る小数のわり算」で，あまりを出さずに割り進んでしまう間違いがよくある。しかし，割り進んで出た商を扱うことで，あまりの理解を深めることにつながると考えた。あまりが0.1mと1mのどちらが正しいかを考える際，確かめ算を使うだけでなく，0.2mを1として，0.5に当たる量が0.1mと見られるようにするのである。

　「基にする量を1として，比べられる量に当たる数を考える」という見方を養うことは，5年で学習する「割合」の学習にもつながる。各種学力調査の結果を見ると，割合に関する正答率は芳しくない。そういった現状を踏まえ，ことあるごとに「何を1としているのか」「基準量と比較量は何か」という視点を養わせていくことは大切である。

　本時は，誤答が正答の理解を深めるために役立つ展開になっている。こういった経験をしていくことが，「間違いが新しいことを発見するための源になる」という意識を育てていくのである。

【参考文献】
青山尚司,「第4学年における割合の素地指導―包含除において割り進んだ場合の商の解釈―」, 2013年, 日本数学教育学会発表資料.

5年 ③1 考察の対象をつくる
合同な図形
「当たり」の図形はどれかな

[教科書では…]

Aの図形と形も大きさも同じ図形はどれかな？

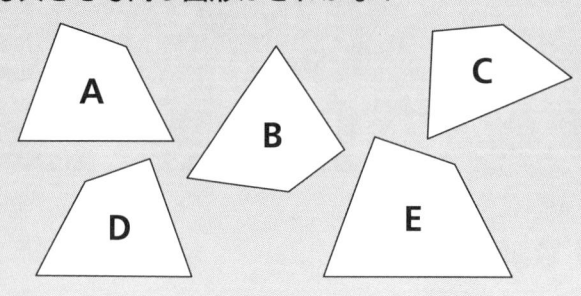

（図：A、B、C、D、Eの図形）

これを ⬇ アレンジ！

サの他にも「当たり」の図形があるよ。
どれかな？

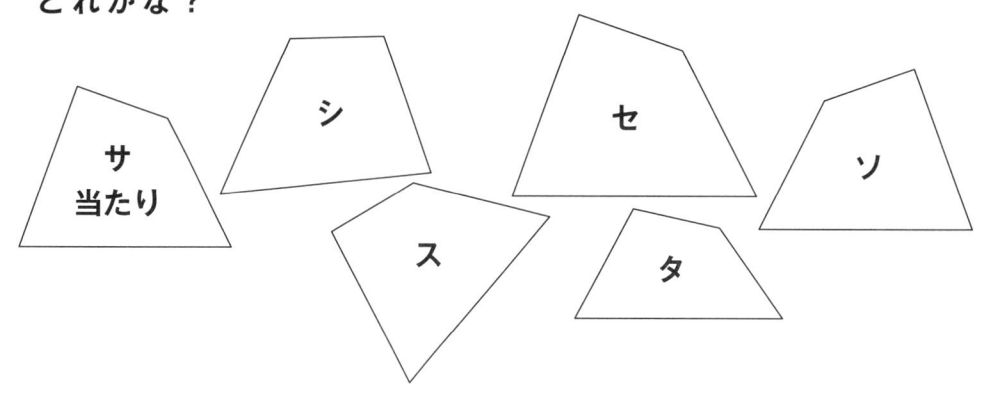

（図：サ 当たり、シ、ス、セ、ソ、タの図形）

[アレンジポイント]

　図形のくじ引きで「ぴったり重なる形」が「当たり」であることを子どもに発見させた後，2回戦として「当たり」「はずれ」が書かれていない図形でくじ引きを行う。誰が引いた図形が「当たり」なのかを調べる活動を通じて，自ら図形に働きかける態度を引き出し「合同な図形」について理解する。

1. 授業の様子

① ぴったり重なる形について考える

（黒板に7つの三角形を貼る。裏面には「当たり」「はずれ」を書いておく）

C：全部，三角形だ。
T：そうですね。この三角形はくじ引きになっていて，裏に「当たり」「はずれ」が書いてあります。どれが当たりかな？
C：（オを引いて）やった！「当たり」だ！
C：（アを引いて）残念「はずれ」だ…。
T：なぜ，アの三角形にしたのですか？
C：オが直角三角形に見えたので，同じように直角三角形に見えるアを選びました。
T：「当たり」の三角形に共通点があると考えて選んだところが素晴らしいね。
C：（イを引いて）「当たり」だ！
C：あっ！ イとオの三角形は同じ形じゃない？
C：違う形に見えるよ。重ねてみようよ（イとオを重ねる）。
C：（イやオと同じに見える三角形を選び確認する）
　　やっぱり！
T：「当たり」の三角形はぴったり重なる形でしたね。イとオとキはどうして，ぴったり重なるのでしょう？
C：辺の長さが同じで，角の大きさも同じだからです。

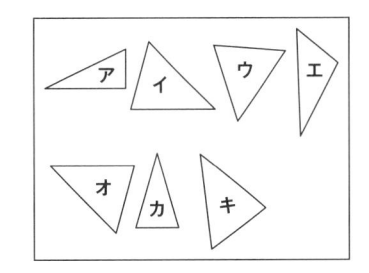

Point
「当たり」が出た後にくじを引く子どもには，その三角形を選んだ理由を聞こう。「はずれ」の三角形だった場合でも，「当たり」の三角形との共通点を考えて選択したことを褒めよう！

板書（過程）

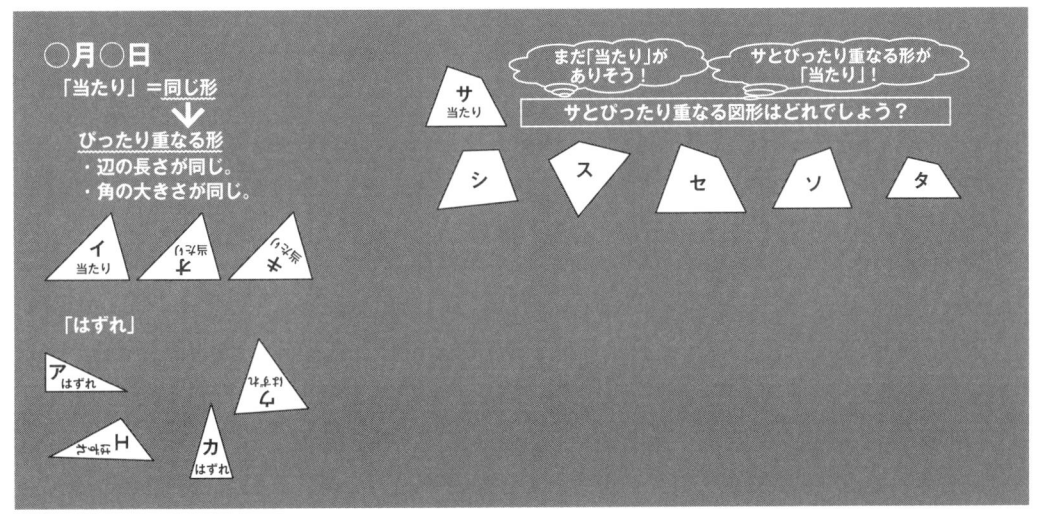

T：（合同な四角形のうち1枚だけに「当たり」と書いておく。他の四角形には記号のみを書き，すべての図形を封筒に入れておく）
　では，くじ引きの2回戦をします。今度はこの袋の中に入っている図形を引いてもらいます。
C：サが「当たり」で，他には何も書いてないけれど，まだ「当たり」がありそうだよ。
T：さっきはどんな図形が「当たり」でしたか？
C：ぴったり重なる形です。
C：わかった！
　サとぴったり重なる形が「当たり」なんじゃない？

②ぴったり重なる形があるか調べる

T：サとぴったり重なる形があるか調べましょう。
　（すべての四角形が1枚にかかれたプリントを配布）

③裏返してぴったり重なる形も「当たり」であることを共通理解する

T：サの他にも「当たり」がありましたか。
C：スはサとはぴったり重なるので「当たり」です。
C：ソも裏返しにするとサとぴったり重なります。
T：裏返してぴったり重なっても，「当たり」にしましょう。

④角の大きさが同じでも辺の長さが違う図形を調べる

C：ぴったり重ならないけど，セはサを大きくした形です。
T：サを大きくした形がセとはどういうことでしょう。
C：セとサの4つの角を重ねてみると，全部ぴったり重なります。
T：大発見をしましたね。セとサの4つの角はそれぞれ同じ大きさになっています。
　では，セとサはぴったり重なりますか。
C：辺の長さが違うからぴったり重なりません。
T：角の大きさは同じでも辺の長さが違うと，
　ぴったり重ならないので，「はずれ」ですね。
T：四角形シとタはどうですか。
C：どちらもぴったり重ならないのではずれです。
C：はずれだけど，シはサと辺の長さが同じです。

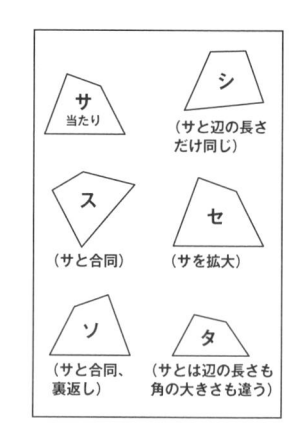

Point
切り取って重ねることも，定規，分度器，コンパスで測定して比べることも認めよう。それぞれがどんな調べ方をしているか，先生が紹介しよう

Point
子どもの手元の図形でも重ねさせ，裏返してぴったり重なる図形も同じ形とすることを全体で確認しよう

板書（最終）

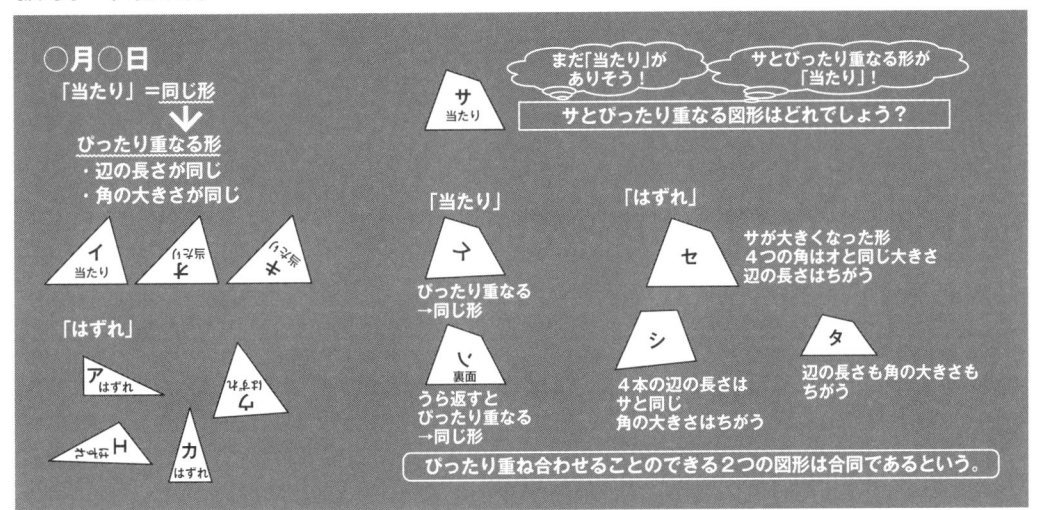

○月○日
「当たり」＝同じ形
↓
ぴったり重なる形
・辺の長さが同じ
・角の大きさが同じ

まだ「当たり」がありそう！　サとぴったり重なる形が「当たり」！

サとぴったり重なる図形はどれでしょう？

サ　当たり

「当たり」
イ　当たり　ウ　ウ　キ

「はずれ」
ア　はずれ　エ　オ　カ　はずれ

「当たり」
ケ　ぴったり重なる→同じ形
コ　裏面　うら返すとぴったり重なる→同じ形

「はずれ」
セ　サが大きくなった形　4つの角はオと同じ大きさ　辺の長さはちがう
シ　4本の辺の長さはサと同じ　角の大きさはちがう
タ　辺の長さも角の大きさもちがう

ぴったり重ね合わせることのできる2つの図形は合同であるという。

C：角の大きさが違うからぴったり重ならないんだね。
T：そうですね。今日のくじ引きは，ぴったり重なる図形が「当たり」でした。今日の「当たり」の図形のように，2つの図形がぴったり重なるとき，その2つの図形は「合同な図形」といいます。

Point
対応する角の大きさが同じでも，辺の長さが違うと「ぴったり重ならない」ので，「はずれ」であることを確認しよう

2．実践を振り返って

　ぴったり重なる形が「当たり」であると確認した上で「当たり」「はずれ」が明らかにされていない図形のくじ引きをすることで，子どもは「誰が引いた図形が『当たり』なのかを調べたい」という気持ちをもち，積極的に図形に働きかけていた。サと合同な図形を調べるために何度も図形を重ね合わせたり辺や角を測定したりするうちに，何人もの子どもがセはサとすべての角の大きさが同じことや，シはサと辺の長さは同じだが，角の大きさが違うことに気付いた。セとシはサと合同な図形ではないと確認することを通して，「合同な図形」についての理解を体験的に深めることができた。セは「拡大図・縮図」の学習で，大きさの違う同じ図形としてとらえる図形である。実践の中でも「『当たり』が大きくなった形だから『大当たり』にしたい」という発言があった。「辺の長さは違うが，角の大きさが同じ」ということに気付いたことを大いに評価した上で，ぴったり重ね合わせることのできる2つの図形を合同な図形といい，セはサと合同ではないことを確認する展開としたい。

【参考文献】
盛山隆雄編著（2013），『10の視点で授業が変わる！　算数教科書アレンジ事例30』，p.30, 東洋館出版社．

5年 ③考察の対象をつくる
整数の見方（倍数）
長方形で正方形をつくろう

[教科書では…]

縦2cm，横3cmの長方形の紙を，隙間なく並べて正方形をつくります。
一番小さい正方形の1辺の長さは何cmになるでしょう。

これを ↓ アレンジ！

封筒の中には，長方形の紙が入っています。
縦□cm，横□cmの長方形の紙を同じ向きに，隙間なく敷き詰めてできるだけ小さい正方形をつくります。
正方形の1辺の長さは何cmになるでしょう。

ア	イ	ウ	エ
2×3	3×4	3×5	4×5

カ	キ	ク	ケ
4×6	6×8	6×9	8×10

[アレンジポイント]

　まず，ア～エの封筒には，縦と横の長さを公約数が1以外にない数にした長方形の紙を入れておく。正方形の1辺の長さは，長方形の「縦×横」で求められ，それは長方形の縦と横の長さの公倍数であることがわかる。
　次に，カ～ケの封筒には，縦と横の長さを公約数が1以外にもある数にした長方形の紙を入れておく。先ほどのように，長方形の「縦×横」を正方形の1辺の長さにすると，大きな正方形になってしまう。そこで，できるだけ小さい正方形をつくるという条件に着目し，公倍数や最小公倍数の理解を深められると考えた。

1. 授業の様子

敷き詰めてできる正方形は，縦と横の長さが等しいということから，長方形の縦と横の長さの公倍数や最小公倍数を使えばよいという考えを深めていく。

① 1辺の長さは，どんな数になるか調べる

T：縦 2cm，横 3cm の長方形の紙を敷き詰めていったとき，正方形の 1 辺の長さは何 cm になるのかな？
C：きっと 6cm だよ。
T：どうしてわかるの？
C：敷き詰めてみればわかるよ。
T：どういうこと？
C：縦に 3 枚，横に 2 枚並べれば，1 辺が 6cm の正方形になるよ。
C：長方形の縦と横の長さをかければいいんだね。
C：2 × 3 ＝ 6 ってことだね。 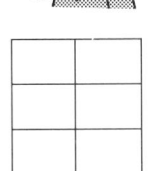
C：そうすれば，正方形の 1 辺の長さが 6cm だって簡単にわかるよ。
C：6 の倍数のときには必ず正方形になるよ。
T：どういうこと？
C：1 辺が 6cm，12cm，18cm，24cm，30cm…のときに正方形になるよ。
C：それは，2cm と 3cm の公倍数ってことだよ。
C：正方形の 1 辺の長さは，長方形の縦と横の長さの公倍数になっているんだ。
C：ここでは，できるだけ小さい正方形だから 1 辺の長さは 6cm だね。

> **Point**
> 実際に長方形を並べて，正方形をつくる活動をしよう！

板書（過程）

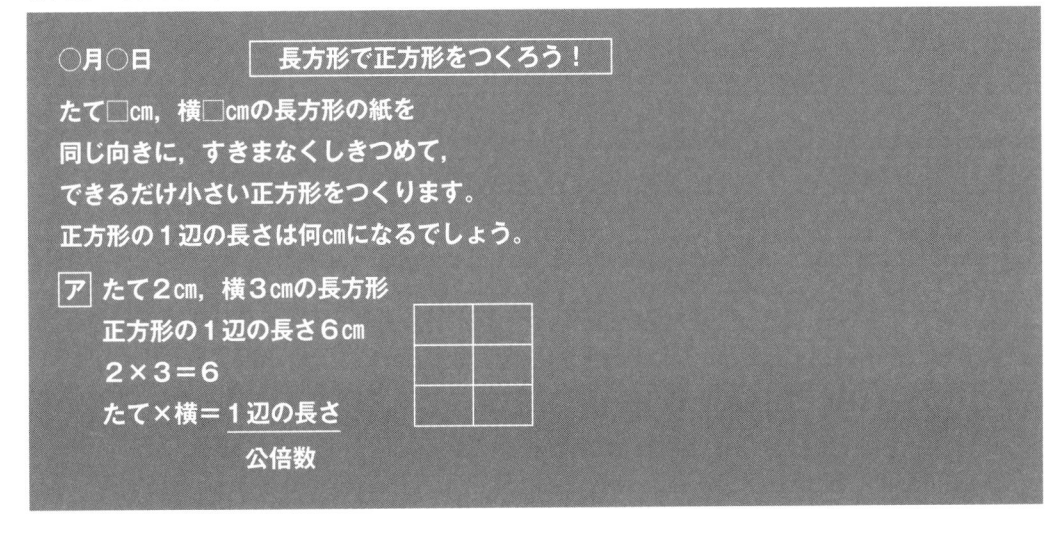

○月○日　　長方形で正方形をつくろう！

たて□cm，横□cm の長方形の紙を
同じ向きに，すきまなくしきつめて，
できるだけ小さい正方形をつくります。
正方形の 1 辺の長さは何 cm になるでしょう。

ア　たて 2cm，横 3cm の長方形
　　正方形の 1 辺の長さ 6cm
　　2 × 3 ＝ 6
　　たて × 横 ＝ 1 辺の長さ
　　　　　　　　公倍数

②公倍数について考える

T：次は，縦6cm，横8cmの長方形の紙を敷き詰めていっ
　　たとき，正方形の1辺の長さは何cmになるのかな？
C：48cmだよ。
T：どうしてわかるの？
C：さっきみたいに長方形の「縦×横」をすればわかるよ。
C：6×8＝48だから，
　　正方形の1辺の長さは48cmになるよ。
C：やっぱり公倍数になっているね。

> **Point**
> 実際に長方形の紙を並べて確かめる活動は，子どもから「確かめたい」という言葉が出るまで待つようにしよう

③最小公倍数について考える

C：長方形の紙を並べて確かめてみよう。
　　（児童用の長方形の紙を班ごとに配布）
C：1辺が48cmの正方形ができたよ（右図）。
C：48は6と8の公倍数だから大丈夫だね。
C：あれっ？
　　ちょっと待って…。
T：何か言いたいことがありそうな人がいるみたい
　　だけど，何を言いたいのだろうね？
C：1辺の長さのことだよ。
T：どういうこと？
C：もっと1辺の長さが短い正方形が
　　できるよ（右図）。
T：どういうこと？
C：6の倍数は，6，12，18，24，30，36，42，48…。
C：8の倍数は，8，16，24，32，40，48…。
C：だから，6と8の公倍数は，24，48…になっているよ。
C：あっ，1辺が24cmの正方形ができるね。
C：24は公倍数の中で一番小さい数だから最小公倍数だ。
C：ということは，できるだけ小さい正方形の1辺の長さだから，
　　最小公倍数の24cmになるね。

> **Point**
> みんなで長方形の紙を並べる活動をして，本当に正方形の1辺の長さが最小公倍数になっていることを確かめよう！

④まとめる

C：2つの数をかければ，いつでも最小公倍数になるとは言えないんだね。
C：アの長方形は「縦×横」をすれば最小公倍数になっていたよ。
C：2×3で6は最小公倍数だったけど…。

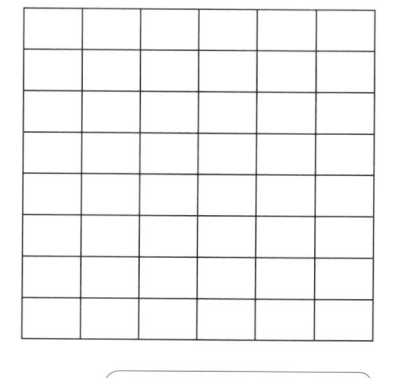

板書（最終）

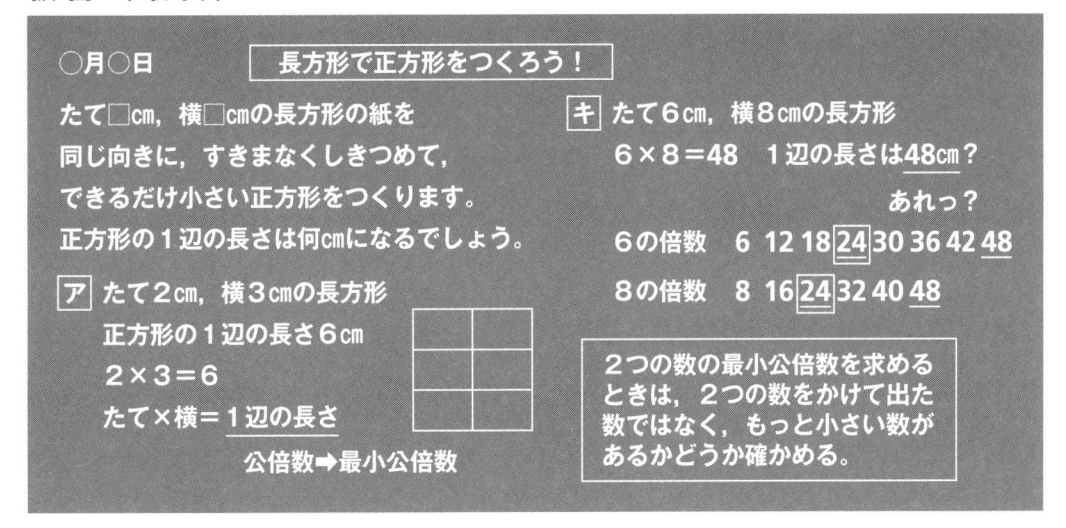

```
○月○日      長方形で正方形をつくろう！

たて□cm，横□cmの長方形の紙を          キ たて6cm，横8cmの長方形
同じ向きに，すきまなくしきつめて，         6×8＝48  1辺の長さは48cm？
できるだけ小さい正方形をつくります。                         あれっ？
正方形の1辺の長さは何cmになるでしょう。
                                    6の倍数  6 12 18 24 30 36 42 48
ア たて2cm，横3cmの長方形                8の倍数  8 16 24 32 40 48
   正方形の1辺の長さ6cm
   2×3＝6                             2つの数の最小公倍数を求める
   たて×横＝1辺の長さ                    ときは，2つの数をかけて出た
                                      数ではなく，もっと小さい数が
   公倍数➡最小公倍数                    あるかどうか確かめる。
```

T：けど？
C：キの長方形は「縦×横」だと最小公倍数にならなかった。
C：6×8で48は公倍数だけど，最小公倍数ではないからね。
C：2つの数の最小公倍数を求めるときは，2つの数をかけて出た数ではなく，
　　もっと小さい数のときもあるから，ちゃんと確かめないといけないね。

2. 実践を振り返って

　いろいろな問題場面で公倍数や最小公倍数を利用して解決し，習得した知識のよさを感じさせたい。しかし，公倍数や最小公倍数の求め方は理解していても，このような具体的な問題場面ではつまずくことが多く，公倍数や最小公倍数を利用すればよいという判断が容易にはできない。そこで，活動を通して問題把握していく中で，公倍数や最小公倍数に着目すれば解決できそうだという見通しをもたせたいと考えた。

　本時では，長方形の紙を並べていったとき，正方形になるのは長方形の縦と横の長さの公倍数にすればよいことに気付かせたい。さらに，できるだけ小さい正方形をつくるには，長方形の縦と横の長さの最小公倍数をとればよいことを理解させたい。

　そこで，公約数が1以外にない数と，公約数が1以外にある数を順に提示することで公倍数や最小公倍数に着目し，公倍数や最小公倍数の求め方についての理解を深めるようにしていきたい。

5年 単位量当たりの大きさ

33 考察の対象をつくる

混み具合ランキングをつくろう

[教科書では…]

大阪市と守口市の人口と面積の表を見て、2つの市の混み具合を比べましょう。

	人口（人）	面積（km²）
大阪市	2683487	223
守口市	146766	13

これを ↓ アレンジ！

混み具合ランキングをつくろう。

[面積]

	区市町村
1	奥多摩町
2	檜原村（ひのはら）
3	大田区
⋮	⋮
8	千代田区
9	荒川区
10	狛江市（こまえ）

[アレンジポイント]

　面積と人口のランキングを見て、東京都の区市町村別の混み具合を予想しながら、人口密度のランキングを完成させる。混み具合を比較することで子どもが求めてみたいという必要感が生まれ、その過程で人口密度という新しい言葉を理解することができる。（データ：2013年）

1. 授業の様子

① 課題を把握する

混み具合を予想させる前に地図を見せて，わかることを挙げる。

T：地図を見てわかることは何ですか。
C：西側の奥多摩町や檜原村は面積が広いけれど，区は面積が広いね。
T：今日は，区市町村の混み具合ランキングをつくってみたいと思います。どこが混んでいそうですか。
C：正確な面積がわからないと，決められないよ。
C：やっぱり，奥多摩町はかなり広いね。
T：では，面積の広い奥多摩町が混み具合のランキング1位でしょうか。
C：まだわからないよ。
　　人がどれだけいるか知りたいね。
T：人がどれだけいるかもわからないと，混んでいるかどうかは決められませんね。
C：多分だけど…。ランキング1位の奥多摩町や2位の檜原村は人口が少なそう。
　　社会の勉強で，前にやったことあるもん。
C：だから，混み具合は低そう。
　　反対に狛江市は区にも近いし，人口は多そう。

> **Point**
> 詳しい数値を知りたいという意見が出たので数値つきの面積ランキングを提示する

【面積】

	区市町村	面積（km²）
1	奥多摩町	225.63
2	檜原村	105.42
3	大田区	60.42
4	世田谷区	58.08
5	東村山市	17.17
6	渋谷区	15.11
7	豊島区	13.01
8	千代田区	11.64
9	荒川区	10.20
10	狛江市	6.39

板書（過程）

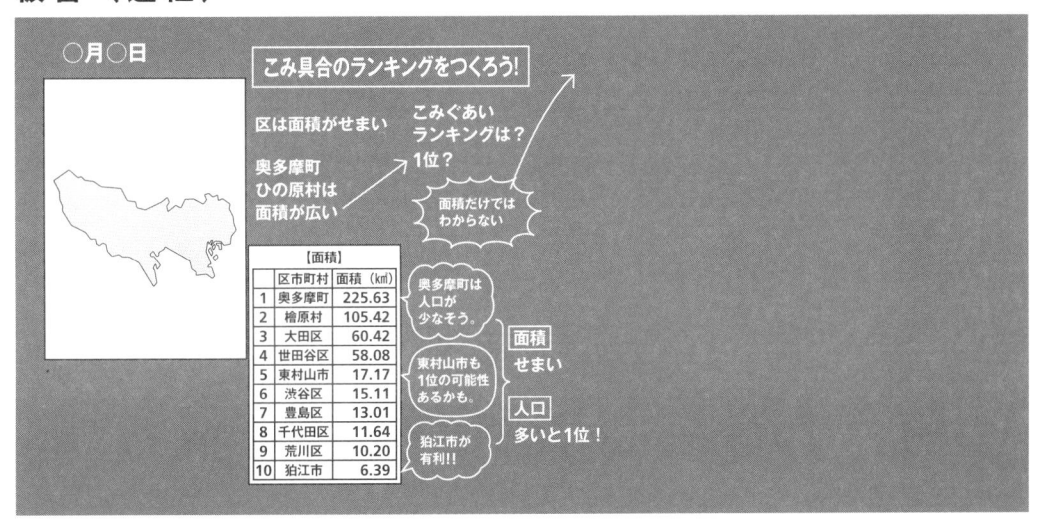

○月○日　こみ具合のランキングをつくろう！

区は面積がせまい
奥多摩町 ひの原村は面積が広い

こみぐあいランキングは？1位？
面積だけではわからない

奥多摩町は人口が少なそう。
東村山市も1位の可能性あるかも。
狛江市が有利!!

面積　せまい
人口　多いと1位！

T：ということは…。
C：狛江市は混み具合が高そう。もし人口が多ければ1位かも。
C：人口の正確な情報がほしい。
　　だって面積だけじゃ，混み具合はわからないから。

> **Point**
> 混み具合は，面積だけでなく，人口も関係することを押さえる

②条件を整える

（人口のランキング表を見て考える）

C：区はやっぱり人口が多いね。
C：面積の広かった奥多摩町と檜原村は，人口が少ないね。
T：奥多摩町のように，面積が広くて人口が少ないところは，混み具合はどうでしょう。
C：全然混んでいないよ。逆に面積が狭くて，人口が多いところが混み具合ランキング1位だね。
T：例えば，どこでしょう。予想でいいですよ。
C：荒川区とか。狭いのに，20万人もいるよ。
C：世田谷区や大田区は，面積が広かったから1位ではないかもしれない。

	区市町村	人口（人）
1	世田谷区	860749
2	大田区	696734
3	豊島区	268959
4	渋谷区	212061
5	荒川区	206457
6	東村山市	152863
7	狛江市	77109
8	千代田区	52284
9	奥多摩町	5824
10	檜原村	2526

③ランキングをつくる

T：2つの数値が出ました。混み具合は面積だけでも比べられませんし，人口だけでも比べられません。
C：面積÷人口をして1当たりの量で比べる。
C：人口÷面積だと思う。
T：面積÷人口をすると何が求められますか。
C：1人当たりの面積。
C：人口÷面積は1㎢当たりの人口。
T：奥多摩町を例に答えを求めてみましょう。
C：人口÷面積は，225÷5824＝0.0386…1人当たり0.0386㎢の面積ってこと。
C：面積÷人口は，5824÷225＝25.884…1㎢当たり25.884人の人口。
C：面積÷人口の方が，答えが出たときにわかりやすい。だって，教室のタイルでやったように，人数が多い方が混んでいるってことと一緒でしょ。
T：そうですね。面積÷人口で1㎢当たりの人数が求められますね。
　　今日求めるように1㎢当たりの人口のことを「人口密度」といいます。
　　混み具合を比べるときには，人口密度で比べるようにしています。

> **Point**
> 人口密度を比べる場合には，「1㎢当たりの人口」「1人当たりの面積」どちらでも比べられるが，密度が高いときに，大きな数値が対応するようにした方がよい

板書（最終）

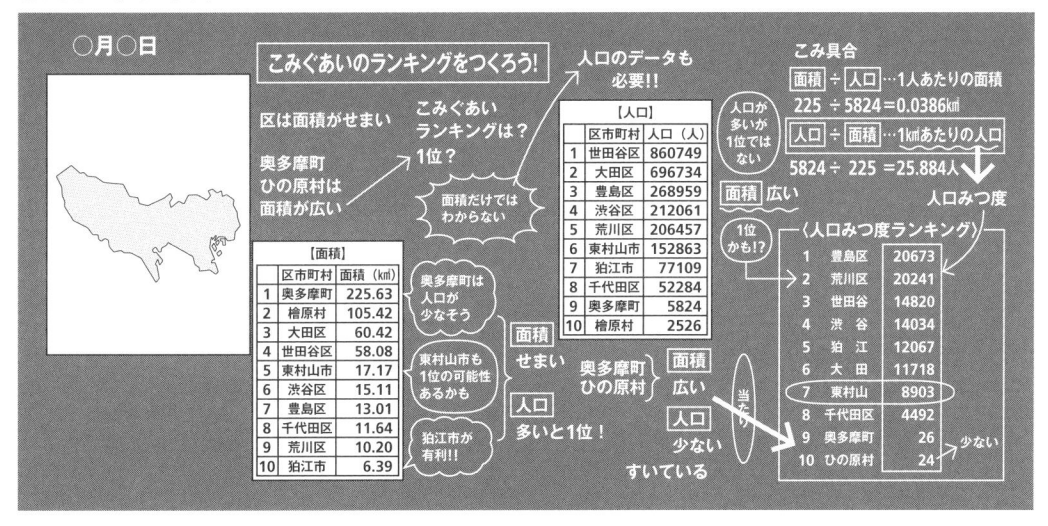

（板書内容）

○月○日　こみぐあいのランキングをつくろう！

区は面積がせまい
奥多摩町ひの原村は面積が広い

こみぐあいランキングは？1位？
面積だけではわからない

【面積】
	区市町村	面積(km²)
1	奥多摩町	225.63
2	檜原村	105.42
3	大田区	60.42
4	世田谷区	58.08
5	東村山市	17.17
6	渋谷区	15.11
7	豊島区	13.01
8	千代田区	11.64
9	荒川区	10.20
10	狛江市	6.39

奥多摩町は人口が少なそう
東村山市も1位の可能性あるかも
狛江市が有利!!

人口のデータも必要!!

【人口】
	区市町村	人口（人）
1	世田谷区	860749
2	大田区	696734
3	豊島区	268959
4	渋谷区	212061
5	荒川区	206457
6	東村山市	152863
7	狛江市	77109
8	千代田区	52284
9	奥多摩町	5824
10	檜原村	2526

面積 せまい／人口 多いと1位！
面積 広い／人口 少ない すいている

人口が多いが1位ではない
1位かも!?

こみ具合
面積÷人口…1人あたりの面積
225÷5824＝0.0386km²

人口÷面積…1km²あたりの人口
5824÷225＝25.884人

人口みつ度

〈人口みつ度ランキング〉
1	豊島区	20673
2	荒川区	20241
3	世田谷	14820
4	渋谷	14034
5	狛江	12067
6	大田	11718
7	東村山	8903
8	千代田区	4492
9	奥多摩町	26
10	ひの原村	24

少ない 当たり

④ まとめる

C：世田谷区はあんなに人口が多かったけれど，面積も広いから納得。

C：千代田区は，人口が少ないので東村山市（自分の住んでいる場所）よりも空（す）いている。

T：空いているということは，「人口密度が低い」ということですね。

C：狛江市は人口が少ないけれど，面積が狭いから，人口密度は高くなるんだね。

C：豊島区と檜原村を比べると約1000倍も違う。

T：ちなみに東京都の人口密度は，1km²に5999人です。

C：えぇ！　平均よりも東村山市の方が上なの！

【人口密度】
	区市町村	人口密度
1	豊島区	20673
2	荒川区	20241
3	世田谷区	14820
4	渋谷区	14034
5	狛江市	12067
6	大田区	11718
7	東村山市	8903
8	千代田区	4492
9	奥多摩町	26
10	檜原村	24

2．実践を振り返って

　自力解決では，自分たちの住んでいる市から先に計算し「意外に人口密度が高い」ことに驚いていた。計算方法を確認してからは，電卓を使って，ランキングを確認した。ランキングが完成すると，近くの地域も調べたいという感想もあった。

　子どもたちは，人口密度の基準になる1km²の広さを思い描くという量の感覚が乏しい。そこで，東京ディズニーリゾートで考えてみた。ディズニーランド（0.51km²）とディズニーシー（0.49km²）は合わせると約1km²になる。檜原村のように人口密度が24人ということは，「乗り物乗り放題だ」と容易に想像することができた。

5年 　34 比べる場面にする
図形の角
どちらの和が大きい？

[教科書では…]

四角形の4つの角の大きさの和は何度になるか，いろいろな方法で調べましょう。

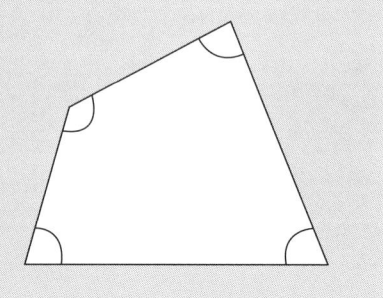

これを　⬇　アレンジ！

長方形アと四角形イ，これら2つの四角形で，内角の和が大きいのはどちらでしょうか。

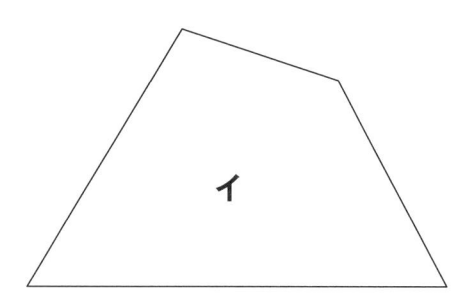

[アレンジポイント]

　長方形の内角の和が360°であることは，長方形を学習した際に理解している。長方形（ア）と一般四角形（イ）という，一見内角の和が異なるように感じる形を提示し，内角の和を比較することで子どもが迷う場面をつくる。迷う場面を設けることで，子どもの「説明したい！」という意欲を喚起させる。

1. 授業の様子

本時は，三角形の内角の和が 180° であることを様々な三角形の内角の和を調べる学習活動後に，四角形の内角の和について学習を進めていく段階である。四角形の内角の和が 360° であることを，既習である三角形の内角の和を使って演繹的に説明することをねらっている。

① 2つの四角形の内角の和について予想する

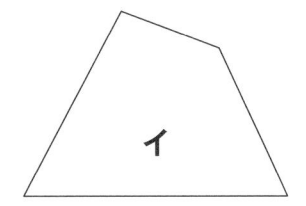

T：長方形アと四角形イ，これら2つの四角形で，
　　内角の和が大きいのはどちらでしょうか。
C：イの方が大きいよ。
T：どうしてそう思うの？
C：アは全部直角だけど，
　　直角よりも大きい角がイにはある。
C：でも，直角より小さな角もイにはあるよ。だから，同じ。
C：僕も同じだと思う。だって，アもイも四角形だもん。
T：四角形だと，どうして同じと言えるのかな。

Point
まず，見た目でどう見えるのか予想しよう

Point
三角形の学習を生かして類推しているつぶやきを共有しよう！

板書（過程）

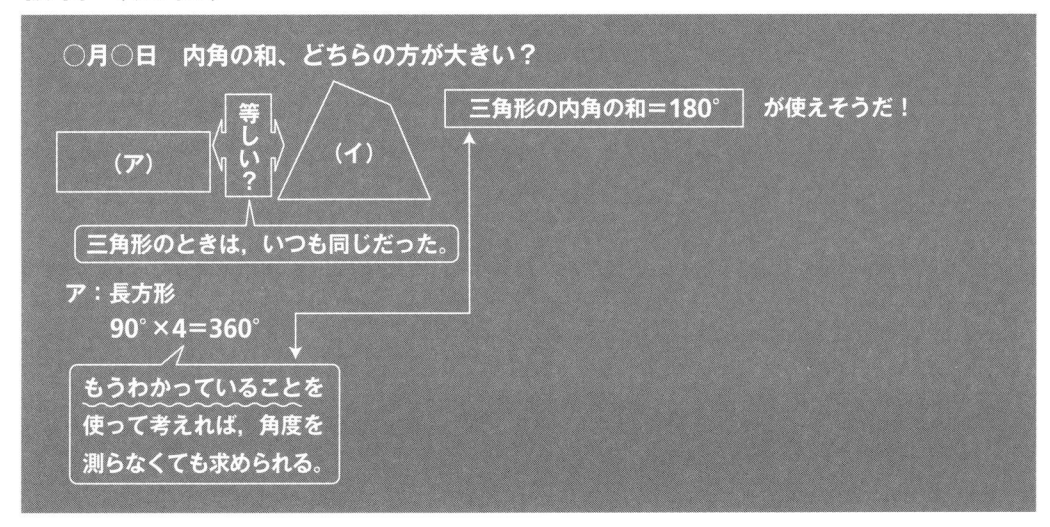

○月○日　内角の和、どちらの方が大きい？

（ア）　等しい？　（イ）　三角形の内角の和＝180°　が使えそうだ！

三角形のときは，いつも同じだった。

ア：長方形
　　90°×4＝360°

もうわかっていることを使って考えれば，角度を測らなくても求められる。

C：だって，三角形はどんな三角形でも内角の和は
180°で等しかったでしょ。
四角形だって，いつも同じになるはずです。

② 「既習事項を使って内角の和を調べる」という課題意識をもつ

T：本当に内角の和が等しいのか，それとも違うのか調べてみましょう。
C：アは長方形だからすぐにわかるよ。
4つの角が全部直角だから，90°×4＝360°

T：既にわかっていることを使って考えれば，
角度を測らなくても求められそうだね。
四角形（イ）も，角度を測ったり，
切り取って並べたりせずに，
わかっていることを使って説明できないか考えてみよう。

C：「三角形の内角の和が180°」ということが使えそう。

Point
演繹的に考えさせるために，考えるときの条件をつけよう

③ **三角形の内角の和を使って，四角形（イ）の内角の和を考える**

C：四角形（イ）を対角線ACで切ると，三角形が2つになるから，
180°×2＝360°　という式にしたよ。

Point
頂点に記号をつけて，説明しよう

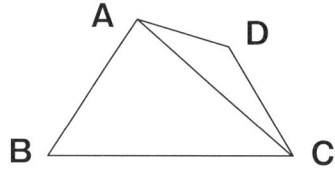

C：対角線のひき方が違うけど，式は一緒だよ。
C：対角線を，ACではなくて，BDで結んだ。

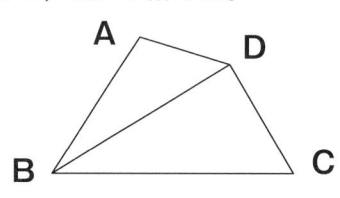

C：僕は，こう引いたよ。

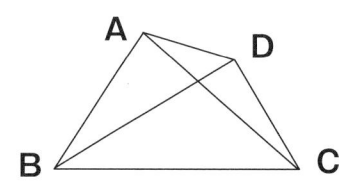

C：三角形が4つもできて，180°×4＝720°になっちゃうよ。
C：真ん中の360°は四角形の内角の和には入らないから，最後にひけばいいよ。
T：式で表してみようね。

板書（最終）

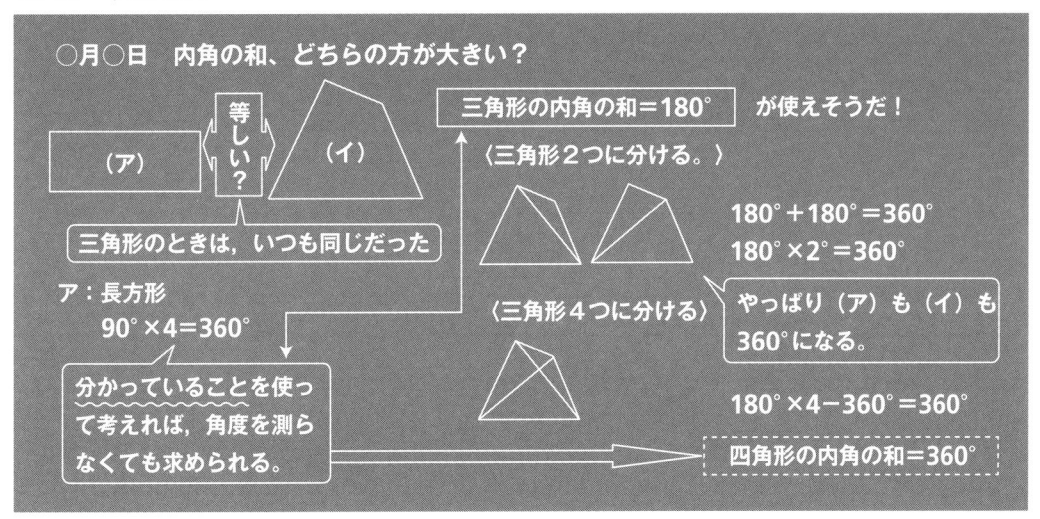

```
○月○日　内角の和、どちらの方が大きい？

（ア）［長方形］　等しい？　（イ）［四角形］
　　　　　　　　　　　　三角形の内角の和＝180°　が使えそうだ！
三角形のときは，いつも同じだった
　　　　　　　　　　　〈三角形２つに分ける。〉
ア：長方形
90°×4＝360°　　　　　　　　　　　　　180°＋180°＝360°
　　　　　　　　　　　　　　　　　　　180°×2＝360°
分かっていることを使っ　　〈三角形４つに分ける〉　やっぱり（ア）も（イ）も
て考えれば，角度を測ら　　　　　　　　　　　　　　360°になる。
なくても求められる。
　　　　　　　　　　　　　　　　　　　180°×4－360°＝360°
　　　　　　　　　　　　　　　　　　　四角形の内角の和＝360°
```

C：180°×4－360°＝360°
　　やっぱり360°になった！

④ 四角形の内角の和は，いつでも360°になるのか考える

C：この２つの四角形は内角の和が等しかったけれど，
　　他の四角形も内角の和もいつでも360°になるの？

C：四角形はいつでも360°になるよ！
　　だって，どんな四角形だって対角線を引くと，いつでも三角形２つに分けられるから，180°×2＝360°になる。

C：五角形も六角形も，三角形に分ければ内角の和が求められそうだな。

2. 実践を振り返って

　長方形（ア）と一般四角形（イ）という，一見内角の和が異なるように感じる形を提示し，子どもが迷う場面をつくることで，四角形の内角の和を調べる必要感を子どもにもたせることができた。

　既習内容（三角形の内角の和）を使おうとする態度を育てることを意識しながら授業を進めることが，今後の算数の学習において役立つと感じた。

　四角形の内角の和について学習した後，右のような凹四角形も取り上げることで，より四角形の内角の和についての理解を深めることにつながると考えた。

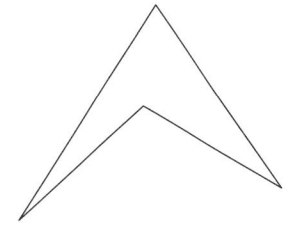

5年 ㉟ 迷う場面にする
円と多角形
多角形で運だめし

[教科書では…]

下の図のように折り紙を折ってから切り，開いてできた形について，辺の長さや角の大きさを調べてみましょう。

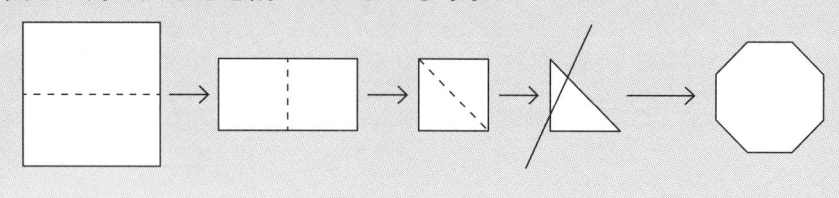

↓ これを アレンジ！

これから「多角形で運だめし！」をします。
それぞれの封筒の中には，ある図形が入っています。
その図形の裏には「ラッキー」か「残念」が書いてあります。

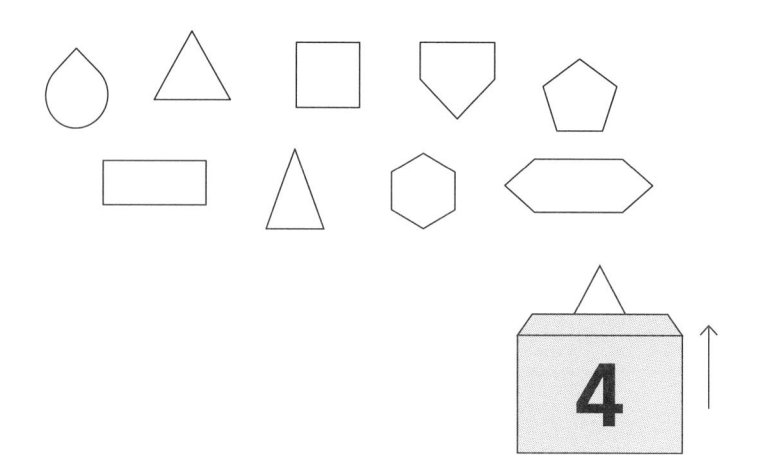

[アレンジポイント]

　くじ引き形式を取り入れ，子どもの意欲を高める。「ラッキー」な形を正多角形にし，共通点を考えることで，正多角形の概念を子どもたちの言葉でつくっていく。

1. 授業の様子

多角形でくじ引きをして，子どもたちの学習意欲を喚起する。引いた封筒の中に入っている多角形には，裏に「ラッキー」か「残念」が書いてあり，ラッキーな多角形である「正多角形」の共通点を探らせ，正多角形の概念を獲得させていく授業である。

① 多角形のくじ引きをして，運だめしする

T：今日は，多角形でくじ引きをして運だめしをします。
　　多角形とは，直線で囲まれた形のことをいいます。
　　9つの封筒の中には，いろいろな多角形が入っていて，その多角形の裏には「ラッキー」か「残念」が書いてあります。
　　では，選んでみたい人？
C：はい。6番にします。
T：残念，はずれですね。
T：この形は，どんな形かな？
C：ホームベースのような形に見えます。
T：なるほど。ホームベースのような形は，多角形といえるかな？
C：五角形なので多角形だと思います。
T：そうだね。
　　では，次に選んでみたい人？
C：はい。7番にします。

> **Point**
> 封筒から図形を見せるときに，少しずつ見せて，子どもの予想や理由を尋ねるようにしよう

板書（過程）

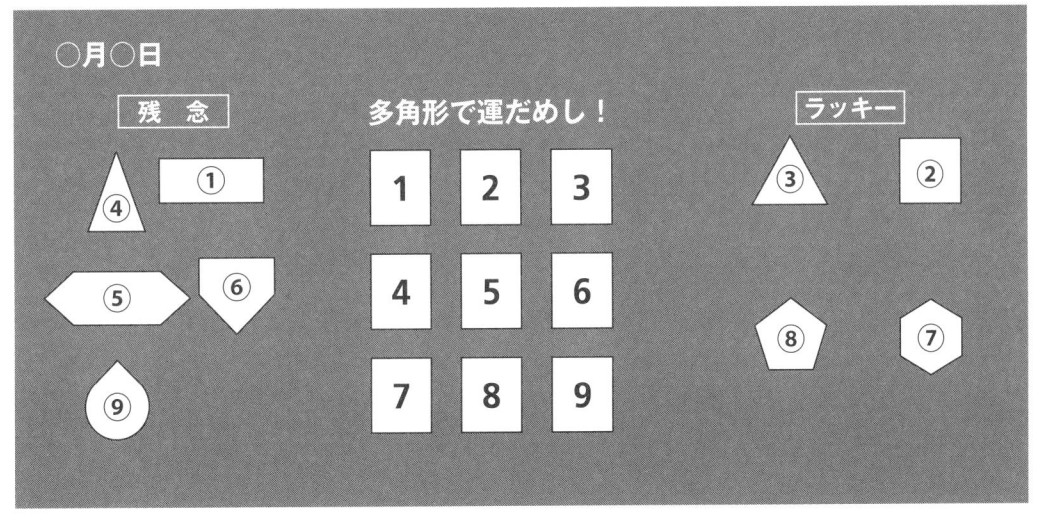

多角形で運だめし！

残念：④△ ①▭ ⑤⬠ ⑥⬠ ⑨◯
ラッキー：③△ ②▭ ⑧⬠ ⑦⬡

T：ラッキーでした。おめでとう。
(この調子で引き続けていく)

②ラッキーな多角形の共通点を探る

T：ラッキーな多角形の特徴がわかるかな。
C：ラッキーな多角形は，辺の長さが同じだよ。
T：それってどういうこと？
C：③は正三角形，②は正方形になっているよ。
C：そうか。
　　ラッキーな多角形は辺の長さが全部同じになっているんだね。

> **Point**
> ラッキーな多角形の特徴について発言した子どもの言葉を丁寧に板書しよう!

③別の多角形で考えを深める

T：あっ，まだ封筒がありました。
　　この多角形（図1）はラッキーでしょうか？
T：ラッキーかな？　違うかな？
(全員に挙手させる)
T：ラッキーだと思う人は，どうしてそう思ったの？
C：だって，ひし形なら辺の長さが全部同じだからです。
T：そうでないと思った人は，どうして残念だと思ったの？
C：辺の長さだけでなく，角度も関係あるんじゃないかなと思ったからです。
T：では，ラッキーかどうか見てみましょう。
C：あっ，はずれだ。
T：ということは，辺の長さが全部同じというだけでは
　　ラッキーな多角形とは言わないようですね。
　　ラッキーな多角形に注目してみましょう。
　　何か他の共通点はありませんか？
　　近くの人と考えを交流してみましょう。
C：角の大きさが全部一緒になっているんじゃないの。
C：正三角形は3つの角がどれも60°だったし，正方形はすべて直角だったよ。
C：ラッキーな多角形は，辺の長さも角の大きさも全部同じになっているよ。
T：なるほど。
　　正三角形や正方形のように，辺の長さがすべて等しく，
　　角の大きさもすべて等しい多角形を正多角形といいます。

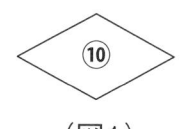

⑩

（図1）

> **Point**
> 辺の長さだけがすべて等しい図形（似て非なる図形）を提示することで，正多角形の理解を深めるようにしよう

板書（最終）

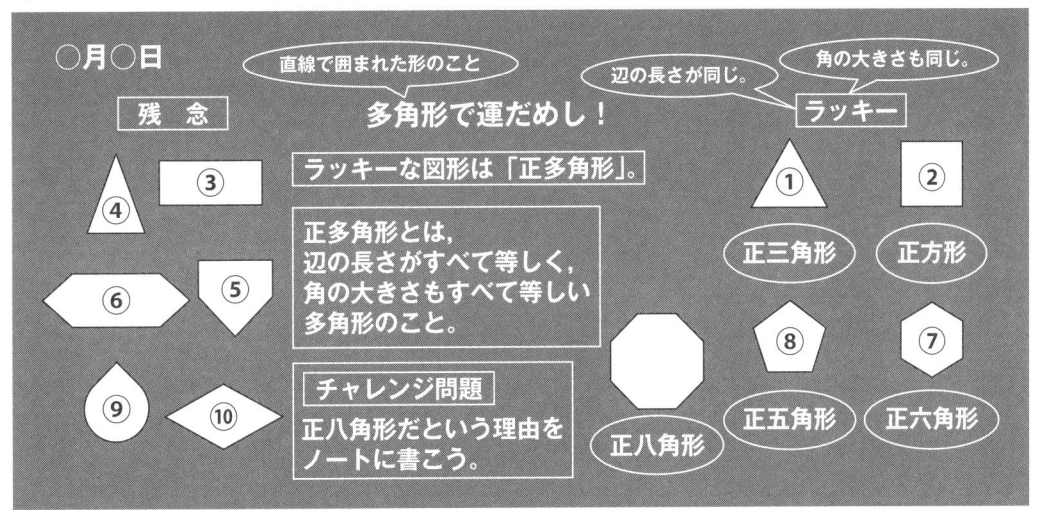

```
○月○日                直線で囲まれた形のこと    辺の長さが同じ。    角の大きさも同じ。
  残　念              多角形で運だめし！                      ラッキー
   ④  ③          ラッキーな図形は「正多角形」。       ①       ②
                                                   正三角形    正方形
                   正多角形とは，
   ⑥  ⑤          辺の長さがすべて等しく，
                   角の大きさもすべて等しい       ⑧       ⑦
                   多角形のこと。
                                              正五角形   正六角形
   ⑨  ⑩          チャレンジ問題                正八角形
                   正八角形だという理由を
                   ノートに書こう。
```

④ **適用問題に取り組む**

T：では，次の図形（図2）は正八角形です。
　　正八角形だという理由をノートに書きましょう。
C：正八角形だったら，8つの辺の長さがすべて等しくなるし，
　　8つの角の大きさも同じになっています。

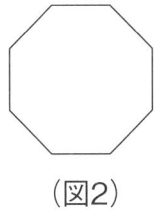

（図2）

2．実践を振り返って

　くじ引きの手法を用いた授業は，子ども自ら考察の対象を焦点化していくことができる。よって，新たな図形の概念を獲得させるための単元の導入場面において，有効なアレンジであった。

　図形領域の導入場面では，くじ引き方式で授業を進めていくアレンジは，様々に考えられる。ただし，必ず似て非なる図形も提示し，子どもたちに考えさせる場面や子どもの理解度を評価するためにも適用問題を扱うことが必要であると思う。

　本時は，子どもたちの表現や理解を高めさせるために，授業後半に似て非なる図形について考えさせ，とても有効だったと感じた。

　また，子どもたちの理解度・到達度を評価するための適用問題として，自らの言葉で正八角形であることを説明する問題を扱った。適用問題まで進めることが肝要なので，展開の時間配分には気を付けたい。

6年 文字と式
36 視覚化する
円の転がる長さを1つの式で表そう

[教科書では…]

円の直径の長さと円周の長さの関係を，1つの式に表しましょう。

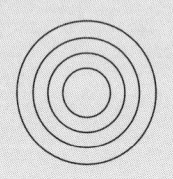

次の円を1回転させたときの，円の直径と転がる長さの関係を考えて，1つの式に表しましょう。

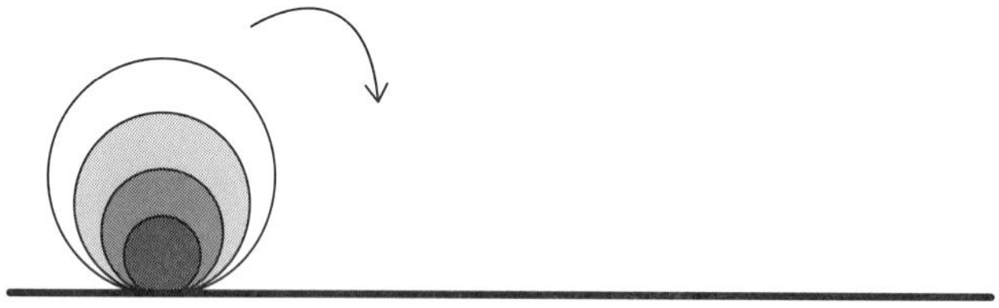

[アレンジポイント]

　実際に円を転がすことで，円周の長さだけ円が移動する。正確に移動させることで円がきれいに並び，直径と円周の長さが比例関係にあることを視覚的にとらえることができる。

1. 授業の様子

画用紙を切り取った4つの円を黒板に貼り，問題を板書する。

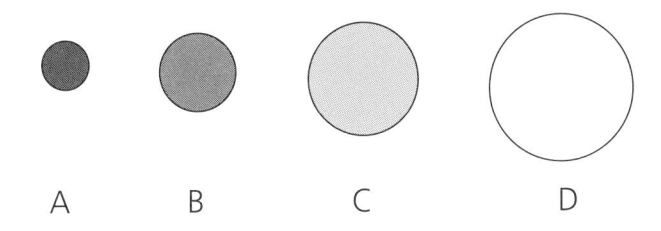

A　B　C　D

① 予想する

T：この4つの円を1回転させたときに，一番転がる円を考えてもらいたいと思います。
　　どの円が一番転がると思いますか？
C：Dの円が一番よく転がる。
T：どうしてそう思うの？
C：だって，一番大きい円だから。
T：大きい円というのは，どういうこと？
C：直径が長いということ。
C：直径の長さが一番長いから，転がる長さも一番長くなると思う。

Point
予想を通して，円の直径の長さに注目させよう！

② 活動する

T：実際に転がしてみよう。この直線に沿って1回転させます。
　　最初の1つだけ先生がやります。

板書（過程）

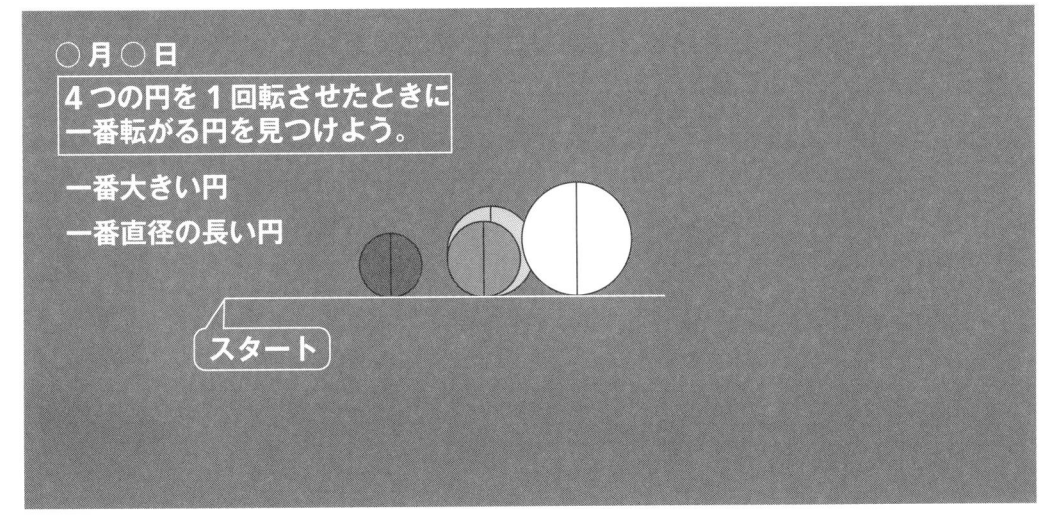

○月○日
4つの円を1回転させたときに一番転がる円を見つけよう。

- 一番大きい円
- 一番直径の長い円

スタート

C：円だから目印がないと、どこで1回転したかがわからない。
T：では、目印として直線を引きましょう。
　（それぞれの円に直線を引いて、1回転がわかりやすいようにして転がしていく） 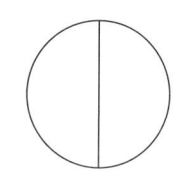
T：残りの円を代表の人に黒板上で転がしてもらいましょう。
C：黒板上だとすべってうまく転がしにくいなぁ。
C：だいぶずれてしまっている。

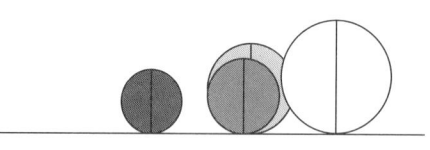

> **Point**
> 先生が見本を見せながら、目印が必要なことや、スタート地点をそろえることなど、必要な条件を確認していこう!

③ 計算して考えてみる

C：予想通り、Dの円が一番転がったけど、CとBが違う気がする。
C：CとBがほとんど同じ位置にあるけど、円周が違うから転がる長さも違うはず。
T：なるほど、正確に求めることはできないかな。
C：直径の長さを教えてくれたら計算で出せる。
T：どういうことですか。
C：転がる長さは円周の長さと同じだから、直径の長さ×3.14で計算できる。
T：では、実際に計算して転がる長さを求めてみましょう。
　　直径はそれぞれ5cm、7cm、8cm、10cmです。
　　A　$5 × 3.14 = 15.7$　　　　　B　$7 × 3.14 = 21.98$
　　C　$8 × 3.14 = 25.12$　　　　D　$10 × 3.14 = 31.4$
T：直径の長さがわかると、転がる長さもわかるのですね。
　　では、直径の長さを$x$cm、転がる長さを$y$cmとして、
　　直径と転がる長さの関係を式に表すことはできますか。
C：直径×3.14＝転がる長さだから、文字を使うと、$x × 3.14 = y$になる。
T：2つの数量の関係を表すときも、
　　xやyなどの文字を使って表すことができるのですね。
T：では、計算で出した長さをもとに、円の位置を修正しましょう。
C：円がきれいに並んだ。
C：直線が見える。

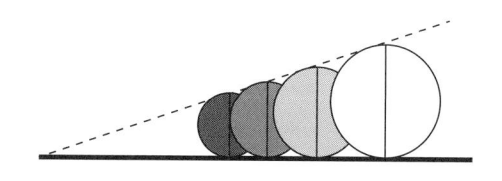

板書（最終）

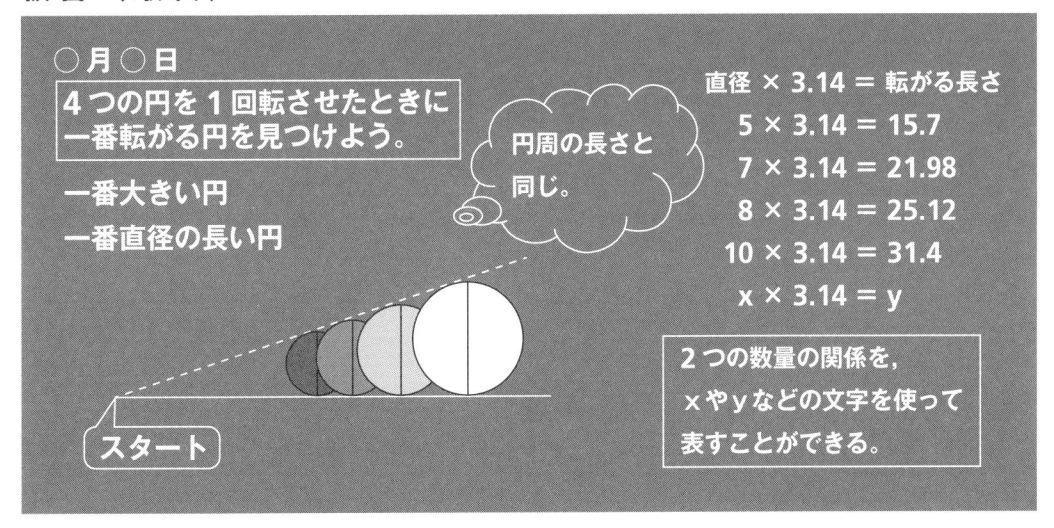

```
○月○日
4つの円を1回転させたときに          直径 × 3.14 ＝ 転がる長さ
一番転がる円を見つけよう。    円周の長さと    5 × 3.14 ＝ 15.7
                        同じ。      7 × 3.14 ＝ 21.98
一番大きい円                         8 × 3.14 ＝ 25.12
一番直径の長い円                     10 × 3.14 ＝ 31.4
                                    x × 3.14 ＝ y

                              2つの数量の関係を,
                              xやyなどの文字を使って
 スタート                     表すことができる。
```

④ 練習問題に取り組む

T：では，さっきの直径と転がる長さの関係の式を利用して，直径が15cmのときの，転がる長さを求めてみましょう。

C：$x = 15$ だから $15 × 3.14 = 47.1$　　　47.1cm

C：さっきのAとDの円の転がる長さをたしたのと同じだ。

C：BとCをたしても47.1になるよ。

T：そうですね。どうして，同じ47.1になるのでしょうか。

C：どちらも直径×3.14だから，分配法則が使える。
　　$5 × 3.14 + 10 × 3.14 = (5 + 10) × 3.14$

T：それぞれの直径をたすと15cmになるので，転がる長さの和も47.1cmになるのですね。

2．実践を振り返って

　本時は，文字と式の単元の第2時で，2つの数量の関係を2種類の文字を使って1つの式に表す場面である。ただ関係を表すのではなく，視覚的に円がきれいに並ぶ美しさを見せるために実際に円を転がす活動を行った。黒板上で円を転がすとすべってしまい，非常に難しい。それ故に授業では実際に転がしている子どもも，見守っている子どももとても集中して取り組む姿が見られ，転がす活動を楽しみながら授業を進めることができた。

6年 比 37 隠す
神経衰弱ゲームをしよう

[教科書では…]
等しい2つの比2：3と4：6には，どんな関係があるか調べましょう。

これを ↓ アレンジ！

24枚のカードを使って，神経衰弱ゲームをします。

	2：4				
	1：2				

比の値が等しいときには，カードを取ることができます。

[アレンジポイント]
　カードを隠して，神経衰弱ゲームにすることで，子どもたちが同じものを探したいという状況をつくり出し，2つのカードの共通点について探り，子どもたちの問題に取り組む意欲を引き出す。

1. 授業の様子

神経衰弱というゲーム形式を取り入れ，取った2つのカードの共通点を探った。どうやったらカードを取ることができるのか，既習の比の値をもとにして考えさせ，「比の値が等しいと，2つの比が等しくなる」ことについての理解を深めていった。

① 神経衰弱ゲームのルールを考える

T：今日は，クラスを半分に分けて神経衰弱ゲームをします。
C：やったぁ。楽しそうだなぁ。
T：カードを引いてみたい人？
C：はい。
　　1:2 と 1:4 です。
T：違うカードだったので残念でした。
　　次に引いてみたい人？
C：はい。 2:4 と 1:5 だったよ。
T：またまた，違うカードなので残念だね。
C：ねぇ，先生。比の値が同じになるカードだったら取ってもいいの？
T：比の値が同じになるカードって，どういうこと？
C：だって，1:2 も 5:10 も比の値が $\frac{1}{2}$ になるよ。
C：この前，a:b の比の値は a÷b で求められるって学習したよ。
T：なるほど。
　　では，「比の値が等しいときは，カードを取ることができます」というルールを加えて，最初から神経衰弱ゲームをしよう。

> **Point**
> どうやったらカードを取れるのか，ルールにかかわる言葉を引き出そう!

板書（過程）

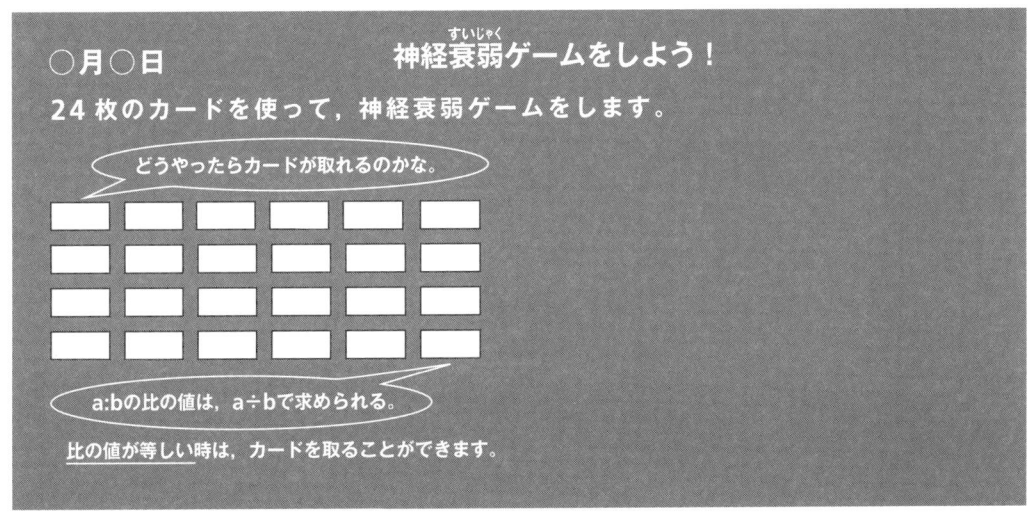

○月○日　　　　神経衰弱ゲームをしよう！
24枚のカードを使って，神経衰弱ゲームをします。

　どうやったらカードが取れるのかな。

　a:bの比の値は，a÷bで求められる。

　比の値が等しい時は，カードを取ることができます。

② 神経衰弱ゲームに取り組む
【実際にゲームで使ったカード】

1：4	2：4	1：5	6：9	4：1	10：15
4：16	4：6	2：8	3：12	2：6	5：10
3：9	4：8	6：4	1：3	5：25	10：20
2：3	3：6	1：2	2：10	4：12	3：15

（画用紙の短冊に書いておき，同じ比の値になるものがわかるように動かして掲示できるようにしておく）

③ 等しい比のつくり方について考える

C：残ったカードが，あと4枚になったね。
T：次に引いてみたい人？
C：6：4 だ。
　　ということは，$\frac{2}{3}$ が比の値なので，4：6 だな。
C：いよいよ残り2枚だ。
C：あれっ，おかしいよ。
T：どうしたんですか？
C：だって，6：4 と 4：1 のカードが残っているよ。
　　2つのカードは比の値が違うから，取れないよ。
T：困ったね。
　　6：4 とペアになるカードがないんだ。
C：カードをつくればいいんじゃないの。
T：それって，どういうこと？
C：だって，これまでのペアになるカードを見ればわかるよ。
C：6：4 なら，6も2倍，4も2倍すれば，
　　12：8 のカードがつくれるよ。
C：それなら，6も3倍，4も3倍にしたら，18：12 のカードもできるよ。
C：6：4 をどちらも2で割ると，3：2 のカードになるよ。
C：ということは，両方の数に同じ数をかけたり，
　　両方の数を同じ数で割ったりするといいんだね。
T：なるほど。
　　6：4 のカードが余らないようにするには，
　　3：2，12：8，18：12 のようなカードをつくればいいとわかりました。

> **Point**
> ペアができないカードを入れておき，等しい比のつくり方について考えさせよう

板書（最終）

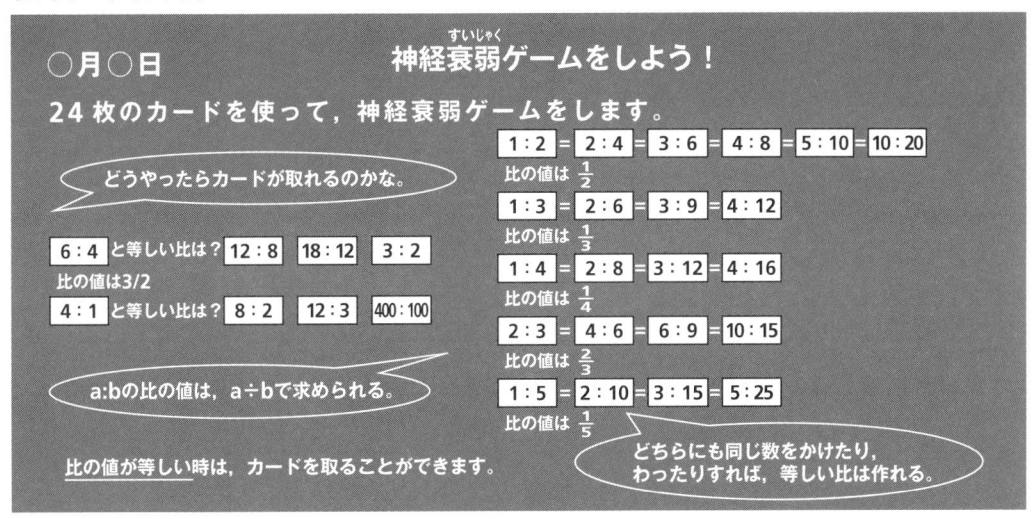

```
○月○日            神経衰弱ゲームをしよう！
24枚のカードを使って，神経衰弱ゲームをします。

                           1:2 = 2:4 = 3:6 = 4:8 = 5:10 = 10:20
  どうやったらカードが取れるのかな。    比の値は 1/2
                           1:3 = 2:6 = 3:9 = 4:12
  6:4 と等しい比は？ 12:8  18:12  3:2   比の値は 1/3
  比の値は3/2                 1:4 = 2:8 = 3:12 = 4:16
  4:1 と等しい比は？ 8:2  12:3  400:100  比の値は 1/4
                           2:3 = 4:6 = 6:9 = 10:15
  a:bの比の値は，a÷bで求められる。   比の値は 2/3
                           1:5 = 2:10 = 3:15 = 5:25
  比の値が等しい時は，カードを取ることができます。   比の値は 1/5
                           どちらにも同じ数をかけたり，
                           わったりすれば，等しい比は作れる。
```

④ 適用問題に取り組む

T：では，もう一枚のカードである 4:1 と等しい比になるカードを，3つ以上ノートに書きましょう。

C：僕は，4:1 の4を2倍，1を2倍して，8:2 のカードをつくりました。

C：私は，4:1 のどちらも3倍して，12:3 のカードをつくりました。

C：僕は，どちらも100倍して，400:100 のカードをつくったよ。

2．実践を振り返って

　本時は，既習の比の値の考えをもとにして，「等しい比のつくり方」を学習する授業であった。子どもたちは神経衰弱ゲームを楽しみながら，比の値について復習できた。比の値ごとに，取ったカードを並べて整理する活動を入れたことにより，等しい比のつくり方のコツについて気付いた子どもも多くいた。

　また，ペアにならないカードを入れておくことで，子どもたちが等しい比をつくりたくなる場を設定し，比についての理解を深めることができた。

　今回の授業は，比の学習を一通り終えた後に，「等しい比」の習熟として，神経衰弱ゲームに使うカードを自分たちでつくるというような展開も考えられるのではないだろうか。

6年 速さ
38 考察の視点を与える
どの高速道路が速く走れるかな

[教科書では…]

右の表は，Aさんたちが家から公園へ行ったときの，道のりと時間を表しています。
誰が一番速く走ったでしょうか。

公園までの道のりと時間

	道のり（km）	時間（分）
Aさん	1.2	6
Bさん	1.5	6
Cさん	1.2	5

これを↓アレンジ！

ひろしくんは，家族と車で旅行に出かけます。
ところが…！
ちょうどお盆の時期で，どの高速道路も渋滞していました。
そして，それぞれ次のような表示が出ています。

A高速道路　　8キロ20分
B高速道路　　25キロ60分
C高速道路　　5キロ15分

渋滞の区間を一番速く走ることができる高速道路はどれでしょうか。

[アレンジポイント]
　車が止まったり動いたりしている渋滞中という，あえて速さをとらえにくい場面を提示する。このことにより，速さは平均でとらえるということがより明確になる。

38 6年：速さ

1. 授業の様子

渋滞とはどういう状態かを確認し，速さとはどういうものかを話し合ってから課題解決に入る。

① 「渋滞」について知っていることを発表し，どのような状態か把握する

T：「渋滞」という言葉を聞いたことある？
C：あるよ。車がなかなか前に進まないよね。
T：なるべくサーッと進みたいのだけれど，渋滞中の速さって比べられるのかな？
C：どっちがすいすい進んでいるかってことだね。
C：でも急に進んだりするし，止まったりするでしょ。
C：ずっと同じ速さで動いていたとして考えればいいんじゃない？

Point
「平均速度」で比べることを押さえよう！

②速さの比べ方を考え，発表する

A 高速道路	8 キロ 20 分
B 高速道路	25 キロ 60 分
C 高速道路	5 キロ 15 分

T：道路にこんな表示が出ていたよ。A～Cの高速道路でどれが速く走れそう？

板書（過程）

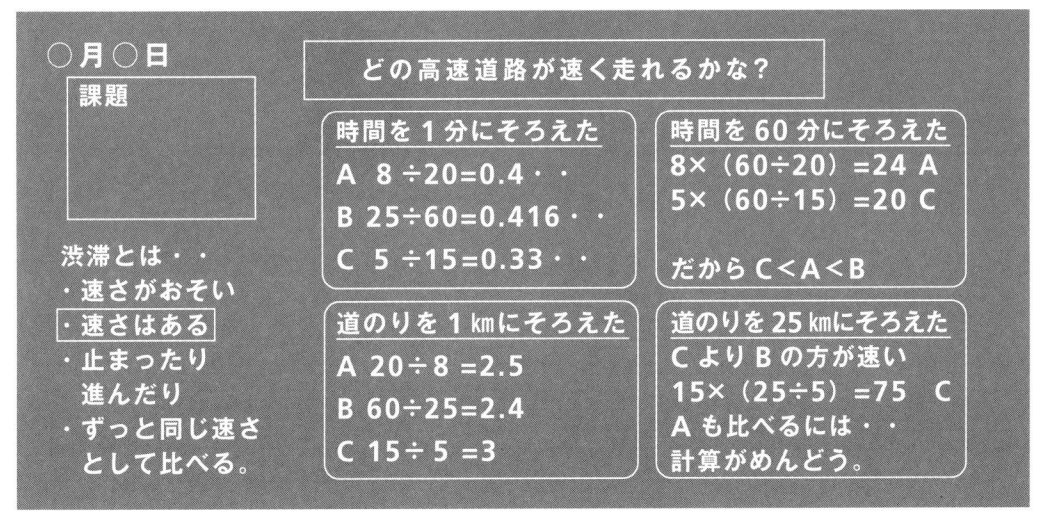

○月○日
課題

渋滞とは・・
・速さがおそい
・速さはある
・止まったり進んだり
・ずっと同じ速さとして比べる。

どの高速道路が速く走れるかな？

時間を1分にそろえた
A 8÷20=0.4・・
B 25÷60=0.416・・
C 5÷15=0.33・・

時間を60分にそろえた
8×（60÷20）=24 A
5×（60÷15）=20 C

だからC＜A＜B

道のりを1kmにそろえた
A 20÷8=2.5
B 60÷25=2.4
C 15÷5 =3

道のりを25kmにそろえた
CよりBの方が速い
15×（25÷5）=75 C
Aも比べるには・・
計算がめんどう。

163

C：時間が短いのはCだけど。距離も短いからなかなか進まないのかも。
C：条件をそろえないとわからないよ。
T：では，条件をそろえてどの高速道路が速く走れるのか考えてみましょう。
C：1分当たりどれくらい進んだのかを求めて比べました。
　　A　8÷20＝0.4
　　B　25÷60＝0.416…
　　C　5÷15＝0.33…
C：時間を1分にそろえたということでしょう。
C：時間を60分にそろえて，進む距離を比べたよ。
　　A　8×(60÷20)＝24
　　C　5×(60÷15)＝20
　　Bは25kmだから，60分で25km進むBが速い。
C：道のりを1kmでそろえて，かかった時間を比べました。
　　A　20÷8＝2.5
　　B　60÷25＝2.4
　　C　15÷5＝3
T：道のりをそろえる方法もあるんだね。
C：BとCの道のりは25kmでそろえられる。
C：でも，Aもそろえるとすると大変だ…。
T：条件をそろえることで速さが比べられることがわかりましたね。
　今日のみんなの考え方は大きく分けて2つでした。
C：一つは時間をそろえて，進んだ道のりを比べる方法。
C：もう一つは，進んだ道のりをそろえて，かかった時間を比べる方法だ。

> **Point**
> 単位量当たりの大きさと同じように条件をそろえると速さも比べられることを押さえよう!

③条件不足の課題を提示し，速さについての理解を確かめる

T：さて，渋滞の長さについてこんな表示が出ていました。
　Aの道路が一番速く走れると言えますか。

　　A 高速道路　20km　　B 高速道路　35km
　　C 高速道路　25km

> **Point**
> 速さは，道のりと時間で決まることを押さえよう!

板書（最終）

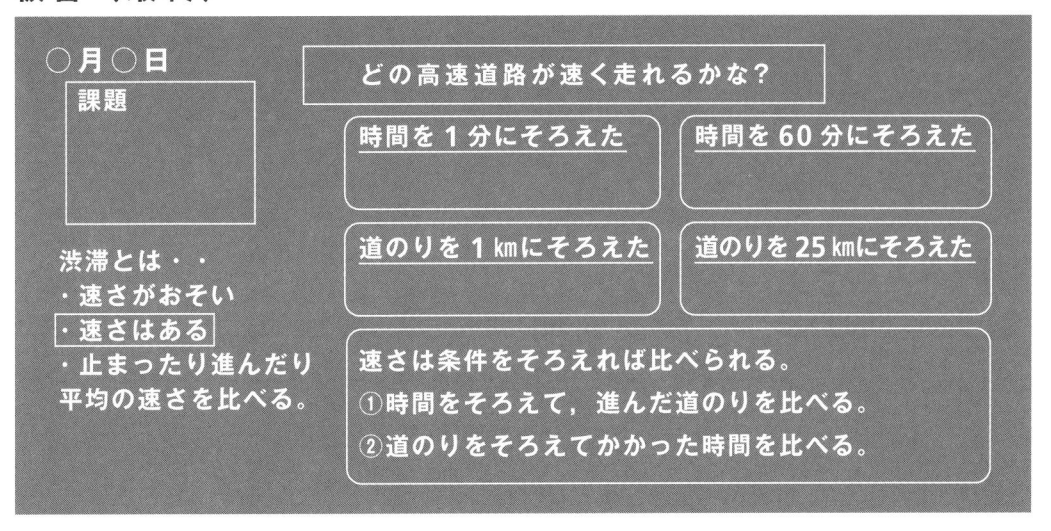

```
○月○日                  どの高速道路が速く走れるかな？
 ┌──────┐
 │ 課題  │         時間を1分にそろえた      時間を60分にそろえた
 └──────┘

  渋滞とは‥         道のりを1kmにそろえた   道のりを25kmにそろえた
  ・速さがおそい
  ・速さはある      速さは条件をそろえれば比べられる。
  ・止まったり進んだり ①時間をそろえて，進んだ道のりを比べる。
  平均の速さを比べる。②道のりをそろえてかかった時間を比べる。
```

C：渋滞の長さだけでは，走っている車の速さはわからないよ。
T：あとは何がわかればいいの？
C：かかる時間を教えてください。
T：渋滞の長さ（道のり）と時間がわかれば速さを比べられるのですね。

2．実践を振り返って

　渋滞という場面から速さの学習を組み立ててみた。高速道路の渋滞はテレビなどで情報が流され，子どもたちに比較的なじみのあるものであった。速さは瞬間的なものととらえがちな子どもも，止まったり動いたりする渋滞中の速さについて考えさせることによって平均としての速さをとらえることができた。

　条件をそろえることで，速さも比べられる。条件のそろえ方はいろいろあるが，実際の生活場面での速度は，時速，分速のように単位時間当たりに進む道のりで比較することが多い。

　それは，数値の大きい方が速いことを表し，感覚的にとらえやすいためである。児童の実態によっては，「条件のそろえ方のうち，より便利なものはどれか」ということを検討させるとよい。

6年 資料の調べ方

39 迷う場面にする

目的をもって資料を調べよう

[教科書では…]

重い卵がよく産まれたと言えるのは，東小屋と西小屋のどちらの小屋ですか。

東小屋のにわとりが産んだ卵の重さ（g）

①53	②48	③58	④63	⑤65	⑥58	⑦53	⑧56
⑨58	⑩57	⑪60	⑫55	⑬67	⑭50	⑮62	⑯57

西小屋のにわとりが産んだ卵の重さ（g）

①50	②63	③54	④74	⑤63	⑥45	⑦54	⑧67
⑨60	⑩47	⑪68	⑫52	⑬57			

これを ⬇ アレンジ！

安定した重さのじゃがいもがとれたと言えるのは，
Aの畑とBの畑のどちらの畑ですか。

Aの畑でとれたじゃがいもの重さ（g）

①115	②125	③135	④110	⑤120	⑥125	⑦115	⑧115	⑨125	⑩130
⑪120	⑫100	⑬120	⑭115	⑮130	⑯140	⑰105	⑱120	⑲100	⑳135

Bの畑でとれたじゃがいもの重さ（g）

①150	②90	③135	④100	⑤125	⑥110	⑦140	⑧200	⑨130	⑩100
⑪70	⑫135	⑬80	⑭80	⑮120	⑯125	⑰100	⑱190	⑲140	⑳80

[アレンジポイント]

　散らばり具合を調べる必然性のある課題を設定することで，子どもたちが試行錯誤し，よりよい調べ方と表現の仕方について創造的に話し合う活動ができる。

1. 授業の様子

調べる目的を子どもたちから引き出しつつ問題解決に臨む。そして，子どもたち自身が考え出した調べ方や表現の仕方に寄り添いながら，度数分布表や柱状グラフにつながるアイデアを築いていく。

① 「よい畑」について考える

T：AとBではどちらがよい畑だと言えるか考えてみましょう。
C：一番重いじゃがいも同士を比べればいいかな。
C：平均を出せばいいかな。
T：皆さんは，スーパーでじゃがいもが袋詰めされて売られているのを見たことがありますか。
　　売る人の立場に立ってみると，畑ではどんなふうにじゃがいもがとれたらいいでしょうか？
C：ばらつきが少ない方がいい。
T：どうしてですか？
C：ばらつきが少ない方が，たくさん料理するときにも使いやすいから。
C：大きさが違うと売れないじゃがいもも出てきて損してしまうから。
T：安定してとれる畑が「よい畑」と言えそうですね。
　　安定した重さのじゃがいもがとれたと言えるのは，
　　Aの畑とBの畑のどちらの畑ですか。

Point
子どもたちの関心から課題をつくろう!

板書（過程）

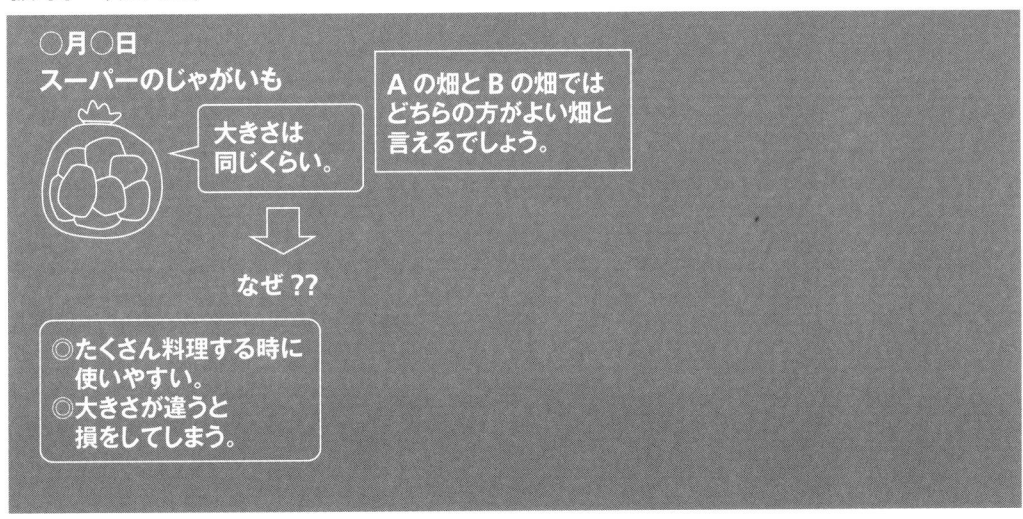

○月○日
スーパーのじゃがいも
大きさは同じくらい。

AのとBの畑ではどちらの方がよい畑と言えるでしょう。

なぜ??

◎たくさん料理する時に使いやすい。
◎大きさが違うと損をしてしまう。

②自分なりの調べ方で結論を出す

- 平均を出す
- 同じ値を相殺する
- 値を1つずつ比べていく
- 最大値と最小値を比べる
- 小さい値から順に並べる
- 散らばりを視覚化する（図や表など）
- 基準を設けて差を平均（合計）する
- 平均との差を平均（合計）する
- 中央値を比べる

　　　　（※これらを複合した考え方もあった）

③全体の平均を出す

T：平均を出している人が多かったみたいですね。
　　平均を出してみましょう。
　　A：2400÷20＝120
　　B：2400÷20＝120
C：両方とも結果が同じだから決着がつかないよ。
T：どうしたらよいでしょうか。

> **Point**
> 平均で勝負がつかないことを確認して、よりよい調べ方を再考しよう!

④全体の平均を使ってよりよい調べ方を考える

C：私は袋詰めするときのことを考えて、
　　同じ重さがある数について調べました。
　　Aは115が4つ。135が2つ。120が4つ。125が3つ。130が2つ。100が2つ。
　　Bは80が3つ。100が3つ。140が2つ。125が2つ。135が2つ。
　　Aの方が同じ重さの個数が多いから、Aの方がよい畑だと思う。
C：ちょっと待って！
　　同じ重さのじゃがいもを袋詰めすると言っても、AよりもBの方が数がバラバラじゃない？
　　さらに、これの平均をとってみたらどうなるかな？

　　A：{(115×4)＋(135×2)＋(120×4)＋(125×3)＋(130×2)
　　　　＋(100×2)}÷17＝120.29…
　　B：{(80×3)＋(100×3)＋(140×2)＋(125×2)＋(135×2)}
　　　　÷12＝111.66…

C：この方法だと、Aの方が全体の平均の120gに近いからよい畑だと思う。
T：どういうことですか？
C：平均の120gに近いということは、
　　それだけ安定した重さのじゃがいもがとれるということ！

板書（最終）

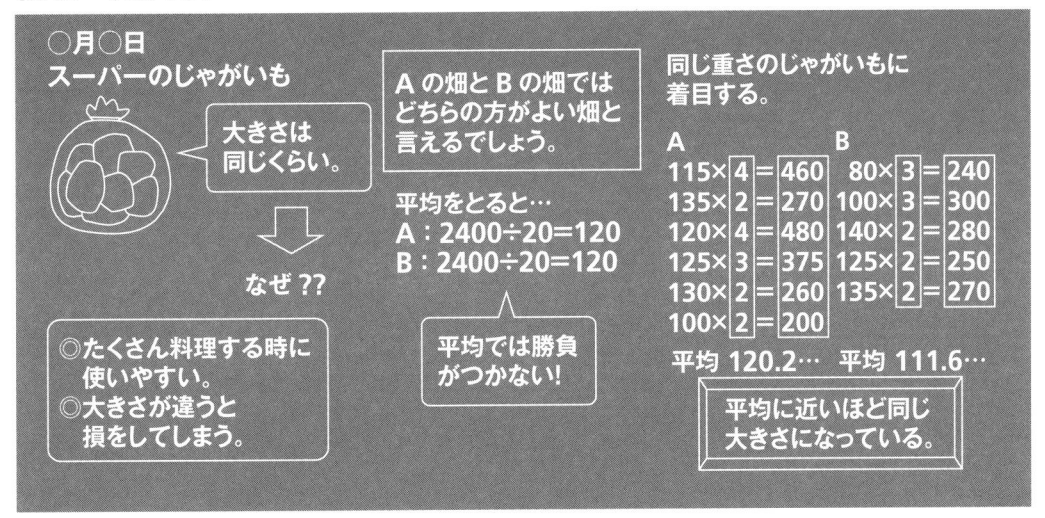

```
○月○日
スーパーのじゃがいも          Aの畑とBの畑では        同じ重さのじゃがいもに
                              どちらの方がよい畑と    着目する。
    大きさは                  言えるでしょう。
    同じくらい。                                       A              B
                              平均をとると…           115×4=460     80×3=240
     ↓                        A：2400÷20=120          135×2=270    100×3=300
                              B：2400÷20=120          120×4=480    140×2=280
    なぜ??                                             125×3=375    125×2=250
                              平均では勝負            130×2=260    135×2=270
◎たくさん料理する時に         がつかない！            100×2=200
  使いやすい。
◎大きさが違うと                                       平均 120.2…   平均 111.6…
  損をしてしまう。
                                                      平均に近いほど同じ
                                                      大きさになっている。
```

T：袋詰めという現実の場面に則して同じ重さのじゃがいもに着目したのはとてもよいことですね。
　これによって，平均に対してどれだけかという新しい見方が出てきました。
　これは，「安定した重さのじゃがいもがとれる」という「よい畑」の条件に適していますね。
　次の授業では，このような見方がよりわかりやすく表現できるといいですね。

2. 実践を振り返って

　本実践では，導入段階で現実的な場面について話し合うことで，子どもたちから「安定した重さのじゃがいもがとれる方がよい畑である」という見方にたどり着くことができた。これより，第1時では，それまでの平均同士を比べる見方を乗り越え，平均に対してどれだけかという見方を生み出すことができた。

　一方，課題としては，必然性をもたせるためとはいえ，主発問がオープンな問いになっているため，考え方が多種多様になってしまうことがある。もちろん子どもたちの考えに寄り添って算数を創造していくことに意義があるが，これらの意見を整理して捌いたり練り上げたりしていくところが教師の腕の見せどころとなってくる。

6年 場合の数

40 考察の対象をつくる

当たりの数はどれかな

[教科書では…]

　1　2　3　4　の4枚の数字カードがあります。
この数字カードから3枚を使って，3桁の整数をつくります。
できる3桁の整数を全部書きましょう。全部で何通りあるでしょうか。

これを　⬇　アレンジ！

　1　2　3　4　の4枚の数カードを使って，数字ナンバーズをします。
このうちの□枚を選んで，□桁の整数をつくりましょう。

> 大当たりは，つくることのできるすべての整数の 小さい 方から13番目の数字です。

[アレンジポイント]

　ゲーム性の高い問題にして，子どもたちが主体的に問題にかかわり，すべての組み合わせを見つける必然性のある授業展開にアレンジした。また，数値を隠すことで，問題に発展性をもたせ，授業の後半部分での適用問題へとつなげた。

1. 授業の様子

　数字ナンバーズのゲームを通して，結果として何通りの場合があるかを明らかにすることよりも，すべての数字を順序よく列挙する必要性のある場面を設定した。そして，すべての数字を順序よく列挙することのよさに気付き，落ちや重なりが生じないように見つける方法についての理解を深めていった。

① 問題文の数値について考える

T：今日は，1～4までの数カードを使って，数字ナンバーズをします。
C：おもしろそうだな。
T：1 2 3 4 の4枚の数カードから□枚を選んで，□桁の整数をつくります。
T：□の中に，どんな数字を入れて問題をつくったらいいかな？
C：1枚で1桁の数字をつくる。
C：2枚を選んで，2桁の数字をつくる。
C：それなら，3枚を選んで3桁の数字をつくったり，4枚を選んで4桁の数字をつくったりすることもできるよ。
T：今日は，今出てきた問題の中から「このうちの3枚を選んで，3桁の整数をつくろう」を，みんなで考えてみましょう。
　それでは，みんな，ノートに自分が考えた3桁の数字を書きましょう。

> **Point**
> あえて数値を□で隠し，□に入る数値を考えさせることで，主体的に問題にかかわる子どもに育てよう!

板書（過程）

```
○月○日　　　数字ナンバーズをしよう。

1 2 3 4 の4枚の数カードから
□枚を選んで，□けたの整数をつくります。

(2枚で2けた) (3枚で3けた) (4枚で4けた)

3 枚を選んで，3 けたの整数をつくります。
```

②数字ナンバーズに取り組む

T：自分がつくった数字を発表しよう。
（子どもたちがつくった数字を画用紙の短冊に記入し，黒板に掲示する）

> Point
> 短冊に書いて，並べ替えできるようにしよう！

③大当たりの情報から，つくれるすべての数字について考える

T：では，大当たりの数字を発表します。

> 大当たりは，つくることのできるすべての整数の 小さい 方から 13 番目の数字です。

C：えっ，それじゃわからないよ。
C：小さい方から 13 番目って，どの数字なんだろう？
T：黒板に出ている数字を見ると，342 が小さい方から 13 番目になるので大当たりでいいね。
C：ちょっと待って。
　　342 が大当たりとは言えないと思います。
T：それって，どういうこと？
C：小さい方から 13 番目の数字が 342 と言えないからです。
C：だったら，他にも黒板に出ていない数字があるんじゃないの。
C：つくられる数字を全部調べなきゃ，大当たりはわからないよ。
T：どうすれば，つくれる数字を全部見つけることができるの？
C：小さい数字から順番に探していけばいいんじゃないの。
C：100 いくつの数字や 200 いくつの数字に分けて調べるといいよ。
T：つくれる数字を全部，ノートに書き出してみよう。
C：全部で 24 個見つかりました。
C：小さい方から順に見ていくと，312 が大当たりになります。
T：並べ替えた数字を見て，何か気付くことはありませんか？
C：100 いくつも 200 いくつも，6 つずつ数字があることがわかります。
C：24 個は，6 × 4 = 24 で求められます。
C：大きい位の数字を最初に決めて，数字を書いていくといいと思います。

板書(最終)

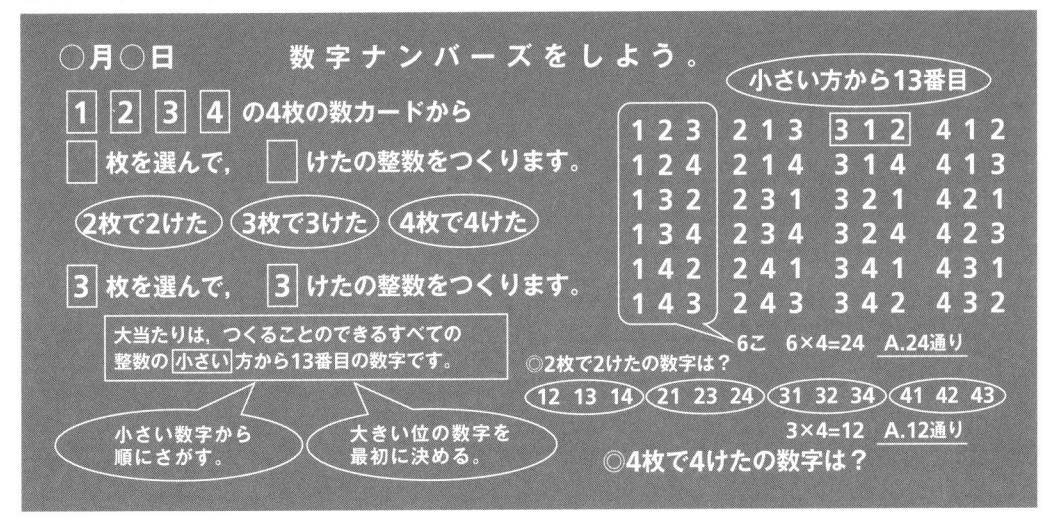

```
○月○日        数字ナンバーズをしよう。           小さい方から13番目
1 2 3 4 の4枚の数カードから      123  213  [312]  412
□枚を選んで,□けたの整数をつくります。   124  214   314   413
                                        132  231   321   421
 2枚で2けた  3枚で3けた  4枚で4けた      134  234   324   423
                                        142  241   341   431
 3 枚を選んで, 3 けたの整数をつくります。  143  243   342   432

  大当たりは,つくることのできるすべての        6こ  6×4=24  A.24通り
  整数の 小さい 方から13番目の数字です。    ◎2枚で2けたの数字は?
                                         12 13 14  21 23 24  31 32 34  41 42 43
   小さい数字から    大きい位の数字を           3×4=12  A.12通り
   順にさがす。     最初に決める。        ◎4枚で4けたの数字は?
```

④ 適用問題に取り組む

T:では,最初に考えた問題から,「2枚で2桁の数字は何通りつくれるか」を
ノートにすべて書いて,何通りできるか調べましょう。
その問題ができた人は,「4枚で4桁の数字は何通りつくれるか」についても,
ノートにすべて書いて,何通りできるか調べましょう。

2.実践を振り返って

　本時は,大当たりの数字を見つけ出すので,子どもたちの問題解決への意欲はとても高まった。また,子どもたちがすべての数字を順序よく書き出すことができるための場があったことで,主体的に調べることができる活動になったと思う。
　組み合わせの学習では,思いつくままに列挙するのではなく,順序よく整理して調べていくことが大切である。今回は大当たりの数字を小さい方から13番目にしたので,自分で基準を決めて順序よく整理して調べることのよさに気付くことができる授業展開となった。ただし,今回のようなアレンジでは,子どもたちから樹形図や対戦表などの発想が出にくいと考えられるので,図や表を適切に用いることのよさが実感できるような問題も次時以降に積極的に扱っていくことが必要である。

[執筆者一覧]

氏名	所属	担当
盛山隆雄	筑波大学附属小学校	第1章，第2章—17, 19, 20
岡部寛之	早稲田実業学校初等部	第2章—12, 14, 16,
山本大貴	暁星小学校	第2章—6, 10, 18
松瀬 仁	聖心女子学院初等科	第2章—23, 36
加固希支男	東京学芸大学附属小金井小学校	第2章—5, 29, 30
鶴岡武臣	東京都世田谷区立給田小学校	第2章—9
武宮慶一郎	白百合学園小学校	第2章—1, 2
澤野祐二	神奈川県相模原市立上溝小学校	第2章—3, 4, 21
長嶺祐介	神奈川県川崎市立登戸小学校	第2章—7, 38
押田孝司	昭和学院小学校	第2章—8, 32
沖野谷英貞	東京都文京区立昭和小学校	第2章—11, 25
田畑達也	東京都墨田区立第一寺島小学校	第2章—15, 28
守屋悠司	清泉小学校	第2章—13, 22, 24
荒川妙子	東京都調布市立国領小学校	第2章—26
岡田紘子	お茶の水女子大学附属小学校	第2章—27
大村英視	東京都目黒区立東山小学校	第2章—31
佐藤憲由	東京都東村山市立東萩山小学校	第2章—33
細谷勇太	目黒星美学園小学校	第2章—34
田中径久	鳥取県米子市立住吉小学校	第2章—35, 37, 40
坪松章人	東京都世田谷区立給田小学校	第2章—39

11の視点で授業が変わる！
算数 教科書アレンジ事例40

2014(平成26)年11月22日 初版第1刷発行
2017(平成29)年 4 月11日 初版第3刷発行

[編著者] 盛山隆雄
[発行者] 錦織圭之介
[発行所] 株式会社 東洋館出版社
〒113-0021 東京都文京区本駒込5-16-7
営業部　TEL 03-3823-9206／FAX 03-3823-9208
編集部　TEL 03-3823-9207／FAX 03-3823-9209
振替 00180-7-96823
URL http://www.toyokan.co.jp

[装　丁] 水戸部 功
[イラスト] フクイヒロシ
[印刷・製本] 藤原印刷株式会社

ISBN978-4-491-03076-0／Printed in Japan